기독교문서선교회(Christian Literature Center: 약칭 CLC)는 1941년 영국 콜체스터에서 켄 아담스에 의해 시작되었으며 국제 본부는 미국 필라델피아에 있습니다. 국제 CLC는 59개 나라에서 180개의 본부를 두고, 약 650여 명의 선교사들이 이동도서차량 40대를 이용하여 문서 보급에 힘쓰고 있으며 이메일 주문을 통해 130여 국으로 책을 공급하고 있습니다. 한국 CLC는 청교도적 복음주의 신학과 신앙 서적을 출판하는 문서선교기관으로서, 한 영혼이라도 구원되길 소망하면서 주님이 오시는 그날까지 최선을 다할 것입니다.

추천사

강영안 박사
미국 칼빈신학교 철학신학과, 서강대학교 철학과 명예교수

이 책 원고를 읽으면서 막스 뮐러(Max Muller)의 한 강연이 내내 떠올랐습니다. 뮐러는 고대 인도 종교 문헌 번역과 비교종교학의 창시자로 유명합니다. "하나만 아는 사람은 하나조차 모른다"(He who knows one, knows none)라는 말로 유명합니다. 뮐러는 동양 종교 문헌을 연구해 본 결과, 모든 종교는 선한 행위와 쌓은 공덕으로 구원을 받는다고 가르치지만 성경만이 유일하게 이 가르침에 처음부터 끝까지 저항한다고 말합니다. 성경은 선한 행위를 다른 어떤 종교 문헌보다 더 강조하지만 구원의 조건이 아니라 받은 구원에 감사하는 가슴에서 우러나온 믿음의 열매요 감사의 제사로 가르친다고 뮐러는 증언합니다.

이 책의 저자 이귀재 선생님은 뮐러와 마찬가지로 구원은 전적으로 그리스도를 통해 하나님으로부터 받는 선물임을 기억하면서 선한 삶의 열매가 구원의 여정에 지닌 의미를 탐구하고 있습니다. 철저히 성경에 바탕을 두면서 질문을 던지고, 던진 질문에 답을 찾으면서, 다시 묻고 답하기를 쉬지 않습니다. 그러면서 예수 그리스도를 통해 일어나는 구원과 구원받은 이에게 요구되는 삶의 변화에 관심을 가집니다. 무조건 믿는 신앙이 아니라, 한번 믿었으면 이제 믿는다는 것이 무엇인지 철저히 묻고 따지고 알아가는 절차를 밟고 있습니다.

이 책은 "알기 위해서 믿는다"고 했을 뿐 아니라 "앎을 추구하는 믿음"을 이야기한 안셀무스의 모범을 따라간 한 성도의 건강하고 신실한 발자취의 기록이라 하겠습니다. 선한 영향을 미치리라 믿고 마음으로 추천합니다.

김영봉 목사
와싱톤사귐의교회 담임, 『메시지 성경』 감수, 『사귐의 기도』 저자

오늘의 한국 교회의 문제가 왜곡된 구원론에 뿌리를 두고 있다는 공감대가 형성된 지 벌써 한 세대가 지났습니다. 하지만 절대 다수의 한국 교회 강단에서는 아직도 구원파적 복음이 정통 복음인 것처럼 선포되고 있습니다.

저자는 치열한 문제의식을 가지고 이 문제를 붙들고 씨름해 왔습니다. 이 책은 평신도의 시각에서, 평신도의 언어로, 평신도에게 쓰여진 '구원론 입문'이라 할 수 있습니다.

부디, 이 글을 통해 더 많은 사람이 바른 복음을 알고 실천할 수 있기를 바랍니다. 그것이 실추된 교회의 권위를 회복하는 첫걸음이 될 것입니다.

김형국 목사
하나복DNA네트워크 대표, 신학 박사

기독교신학에서 가장 중요한 가르침이 '구원'일 것이다. 중요하기 때문에 구원에 대한 가르침을 쉽게 만나게 되고, 많은 이가 구원에 대해서 잘 알고 있다고 생각한다. 하지만, 구원이 기독교 가르침의 핵심 요소 중의 하나라면 심오함이 있을 수밖에 없다.

저자는 평생 성경을 진지하게 공부해 온 성도로, 이 구원의 문제를 다양한 각도에서 일곱 가지 질문을 던지며 성경적 답을 추구하고 있다. 중요한 신학 저작들도 참고하면서…. 놀랍다. 성경을 가르치는 것을 업으로 하는 많은 목회자를 부끄럽게 할 만한 자료이다. 오랜 시간 이 주제를 가지고 성경과 멋진 씨름을 한 이귀재 성도에게 박수를 그리고 이 책을 손에 들고 있는 당신에게 축복을….

김 형 원 목사
하.나.의.교회 담임, 기독연구원 느헤미야 원장

그리스도인은 하나님과 그의 말씀인 성경을 사랑하는 사람이다. 성경에 대한 사랑은 당연히 성경을 바르게 이해하려는 애씀으로 이어지는 것이 당연하다. 성경을 잘 이해하고 적용하기 위해 하는 작업을 '성경 공부'라고 하지만, 단편적인 본문 이해를 넘어서 다양한 성경 구절 사이의 관계성에 주목하고, 내면에 떠오르는 질문을 가지고 성경을 탐구하는 것을 신학 작업이라고 말한다. 이런 점에서 성경 공부와 신학은 별개의 것이 아니라 연속선상에 존재하는 것이며, 성경을 바르게 이해하려고 애쓰는 사람들은 당연히 신학적 작업을 하고 있는 것이다. 그러므로 모든 그리스도인은 신학자일 것이고 또한 신학자여야 한다.

우리는 '신학자'라고 하면 신학을 자신의 직업으로 삼고 살아가는 전문적 신학자를 떠올리지만, 비전문적인 그러나 성경과 신학을 사랑하는 아마추어(사랑하는 사람) 신학자도 있다. 아마추어 신학자라는 것은 말 그대로 성경을 사랑해 깊이 빠진 사람이라는 뜻이다. 경제, 과학, 교육 등 세상 일의 대부분이 전문가에 의해 주도되지만, 전문가적 열정을 가진 비전문가, 즉 아마추어도 필요하다. 이들은 대중이 궁금하게 여기는 주제나 핵심 포인트를 정확하게 짚어낼 수 있고, 때로는 전문가가 보지 못하는 것을 찾아내는 경우도 많다. 이런 장점 때문에 비신학자의 성경에 대한 탐구는 그 결과물에 대한 동의 여부를 떠나서 매우 권장할 만한 시도다.

'구원'이라는, 중요하지만 결코 만만치 않은 주제를 가지고 오랜 세월 성경과 씨름한 저자의 노력은 이런 점에서 칭송을 받아 마땅하며, 앞으로 성경을 사랑하는 더 많은 '아마추어' 신학자를 추동해서 같은 길로 이끄는 힘이 될 것이다.

방 선 기 목사
직장사역연합 대표, 전(前) 합동신학대학교 교수

이귀재 집사가 신학적으로 치열한 논쟁이 될 수 있는 주제를 교리적인 관점으로 보지 않고 성경 말씀에 근거해서 다룬 것에 대해서 치하를 하고 싶다.

개인적으로는 나는 저자가 주장하는 7가지에 대해 거의 동의를 한다. '거의'라고 하는 것은 내가 깊이 생각하지 못해서 차이가 나는 부분이 있는데도 그냥 지나쳤을 수 있기 때문이지 기본적으로 동의한다. 나는 선교 단체를 통해서 '구원의 확신'의 중요성에 대해서 강하게 도전을 받았고, 칼빈주의 신학에서 가르치는 '성도의 견인' 교리에 대해서 많이 들었기 때문에 구원에 대해서 전통적인 견해를 따랐다.

그런데 믿음으로 구원을 얻는다는 진리를 너무 가볍게 생각해서 한순간 예수님을 영접했다고 그 사람의 구원을 너무 쉽게 인정해 주는 것이 예수님의 구속 사역의 가치를 절하시킨다는 생각이 들었고 최근에 교회 지도자들이 엄청난 죄를 범하고도 진정한 회개를 하지 않았는데도 그가 한번 믿는다고 고백했기 때문에 구원받는다는 것을 그대로 수용하기가 힘들었다. 그래서 내가 배운 정통 교리에 의문을 갖게 되었고 그동안 나름대로 말씀을 묵상하고 여러 신학자의 주장들 특히 하나님 나라, 새 창조 같은 새로운 접근을 참고하면서 나름대로 저자와 비슷한 결론을 내렸다.

그러나 전통적인 해석이 잘못되었다고 부정하고 싶지는 않다. 구원에 대한 전통적인 견해를 주장하게 된 데는 그럴 만한 상황적인 이유가 있다고 생각하기 때문이다. 다만 저자의 주장이 구원의 문제가 교리에 묶이지 않고 지속적인 성경 해석을 통해 좀 더 하나님의 뜻에 가깝게 이해할 수 있는 계기가 되었으면 좋겠다.

손봉호 박사
고신대학교 석좌교수

　기독교신학에서 가장 큰 논란거리들 가운데 하나를 평신도가 평신도의 눈높이에서 다루고 있다. 한번 받은 구원은 영원하다는 칼빈주의 입장과 구원은 하나님의 은혜 가운데 믿는 자가 계속 이뤄가야 한다는 입장을 대비시키면서 후자가 성경의 가르침을 더 정확하게 반영한다고 주장한다. 자신은 장로교인이면서도 신학적 배경이나 전제 없이 순전히 성경에만 근거해서 조심스럽게 장로교의 전통적인 입장에 반하는 결론을 내리려 한 것이 특이하다.

　비록 신학자도 아니고 신학적 전제도 없이 오직 성경에만 근거해서 그런 결론을 내렸지만 그러나 그에게도 근본적인 철학적 전제가 없는 것은 아니다. 하나님이 인간을 자유 의지를 가진 인격체로 만드셨고, 따라서 인간은 스스로 결정하고 결정한 것에 대해서 책임을 질 수 있고 또한 책임져야 한다고 전제한다. 철학적으로나 성경적으로 충분히 정당화할 수 있는 관점이지만 이를 부인하는 철학 사상도 없지 않다. 그리고 칼빈주의를 택하는 신학자들도 인간의 자유 의지를 부인하지 않는다는 사실을 알 필요가 있다.

　다행하게도 요즘 이 문제는 신학에서나 목회에서 그렇게 중요하게 취급되지 않는 것 같다. 과거에 비해서 이론적인 것에 대한 관심이나 신뢰가 줄어들었다. 어느 것을 믿는가가 구원에 결정적이라고 주장하는 신학자는 많지 않다. 그런 점에서 모든 것은 하나님이 결정하시기 때문에 우리는 아무 노력도 할 수 없다는 하이퍼 칼비니즘보다는 두려움으로 구원을 이루어야 한다는 필자의 입장이 훨씬 더 건전하고 성경적이 아닌가 한다. 궁극적으로 구원은 하나님의 사랑에 근거해 있다는 것이 필자의 입장인 것 같고 이에 전적으로 동의한다.

　평신도의 눈으로 구원이란 중요한 문제를 다뤘기 때문에 쉽게 이해할 수 있고 모든 신자에게 중요할 수밖에 없는 구원에 대한 성경의 가르침을 알아보는 데 도움이 되는 책이 아닌가 한다.

송인규 박사
한국교회탐구센터 소장, 합동신학대학교 은퇴교수

이귀재 선생의 『틀을 깨고 보니 한눈에 보이는 구원』은 세 가지 점에서 돋보인다.

첫째, 그는 정당한 의미에서의 자기 확신을 견지한 가운데 논변을 구사하고 있다.

그리스도인으로 지내온 긴 세월 동안 그는 "한번 구원은 영원하다"라는 다소 아마추어적인 정체 불명의 슬로건에 사로잡혀 있다가, 서서히 그러나 래디컬(radical)하게 정반대의 구원론적 관점을 채택하게 되었다. 누가 강요한 것도 아니고 이득이나 체면에 의해 추동된 것도 아니다. 진리에 대한 소신과 신념이 점차 옅어지는 오늘날의 추세를 감안할 때, 그의 커밍아웃은 귀감이 되고도 남는다.

둘째, 구원의 조건적 보장(conditional security)을 주장함에 있어 철두철미하게 성경의 가르침을 따르고자 하는 모습이 역력하다.

그는 과거 40년 가까이 네비게이토선교회(및 지역 교회)에서 성경 묵상과 본문 공부 위주의 평신도 사역에 투신해 왔다. 그 근력과 내공이 쌓여 『틀을 깨고 보니 한눈에 보이는 구원』이 산출된 것이다. 그는 자신의 입장을 지원하는 성경 구절들뿐 아니라 자신의 입장에 거스르는 듯 여겨지는 구절들에 대해서도 발언의 기회를 허락하고자 힘쓴다(물론 반대자들은 그것이 충분하지 않다고 반박할지 모르지만). 기독교 교리를 이처럼 성경적으로 성찰하는 일은 그 당연성과 합당성에도 불구하고 심지어 목회자나 신학자들에게서조차 실행되지 않는 수가 많았다. 그러니 어찌 그의 분투적 노력에 박수를 보내지 않겠는가 말이다.

셋째, 저자는 흡사 독자들과 질의 응답을 주고 받듯이 자신의 논지를 펼쳐 나간다.

비록 이 책자가 저자의 확고한 신앙적 입장을 변호하기 위한 것이기는 하지만, 일방적인 선언으로만 일관하고 있지는 않다. 가장 현저한 증거는 많은 경우 논제의 제목이나 주장점 표현이 질문 형식을 취하고 있다는 점이다. 이것은 글을 읽는 이들을 상상적 파트너로 상정함으로써 은연중에, (아니면 저자도 의식하지 못한 가운데) 그들과의 대화 및 래포(rapport)를 구축하고자 한 것으로 여겨진다. 이런 방식은 글을 읽는 이들을 끌어들이고 공감대를 형성하는 데 좋은 디딤돌이 될 것이다. 사실 본 추천자는 성도의 견인(perseverance of the saints) 교리를 굳건히 믿는 입장으로서, 구원론에 있어 저자의 반대편에 서 있다. 그런데도 추천사를 부탁받았을 때 기꺼이 응한 것은, 상기한 세 가지 이유 때문이다.

바라기는 독자인 당신이 (저자의 입장에 동의하든 동의하지 않든) 이 책을 통해 유익을 얻고 서로 간에 성도의 교제가 더욱 풍성해지기를 염원한다.

안용성 목사

그루터기교회 담임, 전(前) 장로회신학대학교 초빙교수, 『로마서와 하나님 나라』 저자

이 책은 한 평신도 사역자가 40년 신앙 여정을 질문과 답의 형식으로 정리한 책이다. 한국 교회 그리스도인들에게 기대되는 신앙과 지성의 균형을 모범적으로 이루어 낸, 뛰어난 평신도 성서신학서이다. 저자는 진지하게 신앙생활을 한 사람이라면 누구든 한번 가져왔을 법한 구원에 관련된 질문들을 하나씩 던져 가며 성경을 세밀하게 관찰해 답을 찾아간다. 복음주의적 선교 단체에서 신앙을 배우며 형성된 보수적인 토양 위에서 성경이 말하는 양면을 놓치지 않고 균형을 유지한다.

이 책의 장점은 치밀함과 철저함이다. 성경에서 답을 찾고자 하며 관련된 본문들을 빠짐없이 검토하기 위해 애쓴다. 따라서 이 주제에 관해 진지하게 숙고해 보고자 하는 사람은 이 책에 제시된 성경 본문들로부터 시작하면 될 것이다. 그 본문들이 시작이자 곧 답이 될 것이다.

이 경 준 목사
다운교회 원로, 전(前) 네비게이토선교회 출판사 대표

창세기 3장을 보면 아담과 하와가 범죄한 이야기가 나옵니다. 죄를 범한 이유를 대개 세 가지로 이야기합니다. 먹음직도 하고, 보암직도 하고, 사람을 슬기롭게 할 만큼 탐스럽기도 했다고 말입니다. 이 세 가지를 요한일서 2:15-16에서는 육신의 정욕, 안목의 정욕, 이생의 자랑이라고 정리하고 있습니다.

저는 신앙생활을 하면서, 특히 목회를 하면서 모든 인간에게 있는 이 세 가지 위험을 주의하려고 노력했습니다. 그중에 세 번째 위험을 주의하기 위해서는, 신학자들의 견해가 다른 것에 대해 나의 주장을 단정적으로 말하지 아니하기로 작정했습니다. 예를 들면, 예수님의 재림에 대한 신학적 견해를 크게 네 가지로 볼 때, 내가 확신하고 있는 것을 성도들에게 주입하지 않고, 신학자들의 네 가지 견해를 모두 제시하고 나름대로 받아들이도록 하는 것입니다. 물론 예수님만이 길이요 진리요 생명이시기 때문에, 예수 그리스도로 말미암지 않고는 하나님께로 갈 수 없다는 등의 진리는 분명하게 단정을 내려 주어야지요.

지금 추천하는 이귀재 집사님의 『틀을 깨고 보니 한눈에 보이는 구원』에 대해서도 저의 생각은 마찬가지입니다. 신학자들에 따라 다양한 견해가 있는, 때로는 예민한 문제가 될 수도 있는 '구원의 진리'에 대해서, 단지 입으로 하는 토론도 아니요, 기록으로 남는 책으로 낼 수 있는 용기에 대해 큰 박수를 보내드립니다. 그리고 구원에 대한 저 자신의 확신을 다시금 정리해 볼 수 있는 기회를 주신 것에 대해 감사를 드립니다.

이 책을 읽는 독자들도 자신의 확신과 다른 논리에 대해, 또는 말씀에 대한 다른 해석에 대해 단지 비판을 하기보다는, 이 책을 통해 자신의 확신을 다시금 정리해 볼 수 있는 기회로 삼으실 것을 적극 추천합니다.

정현구 목사
서울영동교회 담임, 『사계절을 위한 기도』 저자

신앙에서 중요한 것은 무조건 믿는 것이 아니라 질문하면서 답을 찾아가는 것이다. 또 그 과정을 통해 깨닫고 확신에 이르는 것이다. 우리가 교회에서 가장 많이 듣는 이야기는 믿고 구원을 받았다는 말이다. 그런데 이 사실을 믿어야 한다는 말은 많이 하지만, 정작 그 받은 구원이 어떤 것인지는 충분히 알려 주지 않는다. 아니 제대로 모르고 있는지도 모른다. 구원을 받았다는 것을 믿으라고 하면서, 그 받은 구원이 어떤 것인지를 제대로 모른다는 것이 얼마나 아이러니한 일인가. 그런데 이것이 현실이다.

성경이 말하는 구원은 언제나 '이미와 아직', '과거와 미래', '은혜와 믿음'이란 둘 사이의 긴장 속에 존재한다. 존 스토트가 말한 것처럼, 상반되어 보이는 둘을 동시에 붙들 때만 구원에 관한 온전한 진리를 알 수 있다. 그러므로 한쪽을 놓아 버리면 긴장이 사라지고 더 강한 확신에 이르는 것 같지만, 그런 확신은 과도한 확신 혹은 가짜 확신이 될 위험이 매우 크다.

이런 문제점을 알고 있는 필자는 구원에 대한 지금까지의 이해들이 과연 성경적인지를 정직하게 질문하면서 진지하게 답을 찾아간다. 구원에 대한 가르침이 성경의 일부 구절에 과도하게 의존하고 있음도 찾아내고, 그 일부 구절에 대한 주석적 오해들까지도 파악한다. 뿐만 아니라, 구원을 바라봤던 전통적 관점의 틀에만 묶이지 않고, 성경에 대한 최근의 연구들도 충분히 살피면서 새로운 관점에서 구원의 의미를 발견해 간다. 구원의 의미를 창조와 재 창조란 성경의 일관된 하나의 큰 그림 속에서 드러낸다.

사실 구원론은 신학자들 사이에서도 아직 논쟁적 주제인 만큼 결코 간단한 것은 아니다. 저자가 말하는 주장 역시 반론의 여지가 전혀 없지는 않다. 하지만 적어도 우리가 지금까지 가진 구원에 대한 이해가 편협하고 균형을 잃었다는 반성을 하게 된다. 그리고 그 구원에 대해 여러 각도에서 조망함으로 많은 것을 배우면서, 동시에 제대로 알고 싶다는 내적 갈망을 갖게 될 것이다. 구원에 대한 깊은 통찰과 새로운 이해를 갖는 기쁨을 줄 것이다. 그런 점에 이 책은 매우 유용하다.

틀을 깨고 보니
한눈에 보이는 구원

구원에 대한 7가지 질문

If you break the frame, You can see real salvation
Written by KwiJae Lee
All rights reserved.
Korean Edition Copyright ⓒ 2022 by Christian Literature Center, Seoul, Korea.

틀을 깨고 보니 한눈에 보이는 구원

2022년 6월 10일 초판 발행

지 은 이 | 이귀재

편　　집 | 한명복
디 자 인 | 박성숙
펴 낸 곳 | (사)기독교문서선교회
등　　록 | 제16-25호(1980. 1. 18.)
주　　소 | 서울특별시 서초구 방배로 68
전　　화 | 02-586-8761~3(본사) 031-942-8761(영업부)
팩　　스 | 02-523-0131(본사) 031-942-8763(영업부)
이 메 일 | clckor@gmail.com
홈페이지 | www.clcbook.com
송금계좌 | 기업은행 073-000308-04-020 (사)기독교문서선교회
일련번호 | 2022-55

ISBN 978-89-341-2432-0 (03230)

이 책의 저작권은 저자와 (사)기독교문서선교회가 소유합니다.
신저작권법에 의하여 한국 내에서 보호받는 저작물이므로 무단 전재와 무단 복제를 금합니다.

틀을 깨고 보니
한눈에 보이는 구원

구원에 대한 7가지 질문

이귀재 지음

CLC

목차

추천사 1

   강영안 박사 | 미국 칼빈신학교 철학신학과, 서강대학교 철학과 명예교수
   김영봉 목사 | 와싱톤사귐의교회 담임,『메시지 성경』감수,『사귐의 기도』저자
   김형국 목사 | 하나복DNA네트워크 대표, 신학 박사
   김형원 목사 | 하.나.의.교회 담임, 기독연구원 느헤미야 원장
   방선기 목사 | 직장사역연합 대표, 전(前) 합동신학대학교 교수
   손봉호 박사 | 고신대학교 석좌교수
   송인규 박사 | 한국교회탐구센터 소장, 합동신학대학교 은퇴교수
   안용성 목사 | 그루터기교회 담임, 전(前) 장로회신학대학교 초빙교수,
                 『로마서와 하나님 나라』저자
   이경준 목사 | 다운교회 원로, 전(前) 네비게이토선교회 출판사 대표
   정현구 목사 | 서울영동교회 담임,『사계절을 위한 기도』저자

저자 서문 16

추가 설명 목록 18

예상되는 몇 가지 의문 사항(Q & A) 20

여는 글 21
  1. 어느 장로(長老)에 관한 이야기 23
  2. 이 글을 대하는 태도 25

제1장 개략적 답변   30
   1. 구원과 하나님 나라   31
   2. 믿음과 행함(순종)의 관계   66
   3. 구원의 확신   77
   4. 7가지 답변의 요약   93

제2장 자세한 답변   95
   1. 한번 구원은 영원한가?   95
   2. 구원은 이미 받은 것인가?   110
   3. 구원은 소유인가?   122
   4. 오직 은혜인가?   127
   5. 오직 믿음인가?   133
   6. 구원을 확신할 수 있는가?   151
   7. 상급(賞給)이 있는가?   174

닫는 글   179

전체 요약   186

감사의 글   192

참고 문헌   194

저자 서문

누구에게나 나름대로의 버킷 리스트가 있을 것입니다. 저 역시 70년 인생을 살면서 특히 신앙 여정 40여 년을 지내오면서 꼭 하고 싶은 일이 있었습니다. 바로 이런 책을 쓰는 것입니다. 그래서 좀 외람된 표현이지만 이 책은 저의 유고(遺稿) 같은 것이라고도 할 수 있겠습니다.

저는 칼빈주의 전통이 강한 공동체에 오랫동안 속해 있었습니다. 그래서 전통적인 구원관을 당연한 것으로 받아들여 왔습니다. 그러다가 약 10년 전부터 '하나님 나라'에 대한 이해를 새롭게 하면서 구원에 대한 이해 역시 새롭게 하게 되었습니다. 하나님 나라 관점에서 구원을 '소유'가 아닌 '관계'(하나님과의 관계)로 이해하게 된 것입니다. 그러자 성경이 일관성 있게 해석되었습니다. 구약 vs 신약, 복음서 vs 서신서, 로마서 vs 야고보서 등에서 발견되는 불일치(불연속)가 사실은 연결된 하나의 이야기임을 알게 되었습니다.

그동안 교계에서 구원에 대한 많은 논의가 있어 왔지만, 이제는 저 같은 평신도가 전통적인 구원관과 다른 글을 쓸 수 있을 정도로 신학적인 논의가 보편화되었습니다. 다시 말하면, 이제는 구원론에 대한 중심축이 하나님 나라의 관점으로 새롭게 이동되었다고 할 수 있겠습니다. 즉, 구원을 한번 얻으면 끝나는 고정적인 것이 아니라 하나님과의 관계에 의한 가변적인 것으로 이해하게 된 것입니다.

이 책의 특징은 신학적이고 철학적인 논증이 아닌 성경 말씀 중심의 서술이라는 데 있습니다. 그러다 보니 분량도 그리 많지 않습니다. 이 같은 성경 본문 중심의 연구 결과, 한번 구원은 영원하다라는 전통적인 구원관은 성경 본문의 지지를 받기가 어렵다는 결론에 이르게 되었습니다. 그러나 이 글의 모든 내용을 단정적(斷定的)인 것으로 보기는 어렵고, 일부 내용은 여전히 잠정적(暫定的)인 것이라 할 수 있겠습니다.

  이 책의 논리적 전개가 비교적 무리가 없기 때문에, 누구든지 이 책의 총론 부분(개략적 답변)만 읽어도 이 책을 읽는 것이 결코 잘못된 선택이 아님을 실감하게 될 것입니다. 따라서 이 책의 논지와 다른 구원관을 가진 사람도 이 책을 통해 많은 통찰과 지혜를 얻을 수 있을 것입니다.

  아무쪼록 이 책이 하나님 나라 복음에 대한 더 깊은 이해와 구원에 대한 열린 토의에 조금이나마 도움이 되기를 소망합니다.

  감사합니다.

2022년 4월

추가 설명 목록

추가 설명 1. 구원론을 둘러싼 교계의 움직임   26

추가 설명 2. 하나님의 주권 vs 인간의 책임에 관한 구절   99

추가 설명 3. 구원의 안전 vs 구원의 탈락   105
  김세윤, 『칭의와 성화』 (서울: 두란노, 270)
  양용의, 『히브리서 어떻게 읽을 것인가』 (서울:성서유니온, 151)
  이진섭, 『빌립보서 성경문맥주석』 (서울: 새창조, 201)
  조병수, 『고린도전서 어떻게 읽을 것인가』 (서울:성서유니온, 229 이하)
  최갑종, 『칭의란 무엇인가』 (서울: 새물결플러스, 284 이하)
  안환균, 『빛과 소금』 (서울: 두란노, 131 이하)

추가 설명 4. 헬라적 관점과 히브리적 관점   109

추가 설명 5. 구원의 여정(旅程)에 관한 구절   115

추가 설명 6. 구원의 과거, 현재, 미래   120
  김요한, 『바이블 클래스, 바울 서신』 (서울: 새물결플러스, 208 이하)

추가 설명 7. 칭의가 영화를 보장함   121
  박영돈, 『톰 라이트 칭의론 다시 읽기』 (서울: IVP, 224, 227)

추가 설명 8. 구원이란?   122
  존 스토트, 『제자도』 (서울: IVP, 137)

추가 설명 9. 가능하게 된 불가능했던 순종   139
  드류 헌터, 『ESV 성경 공부 시리즈 마태복음』 (서울: 부흥과개혁사, 35 참조)

추가 설명 10. 창세기 2:1-3의 일곱째 날의 의미　　　　　　　　　　　142
양용의, 『히브리서를 어떻게 읽을 것인가』 (서울: 성서유니온, 113 이하)

추가 설명 11. 구원의 탈락을 경고하는 다른 구절들　　　　　　　　168

추가 설명 12. 구원의 확신이란?　　　　　　　　　　　　　　　　169
권연경, 『행위없는 구원?』 (서울: SFC, 229 이하)
김형국, 『제자훈련, 기독교의 생존 방식』 (서울: 비아토르, 216, 255)
김형원, 『기독교신학의 숲2』 (서울: 대장간, 197)
박대영, 『시험을 만나거든』 (서울: 두란노, 91)
안용성, 『로마서와 하나님 나라』 (서울: 새물결플러스, 317)
정용섭, 『목사 구원』 (서울: 새물결플러스, 69, 106)

추가 설명 13. 구원의 확신　　　　　　　　　　　　　　　　　　173
박영돈, 『톰 라이트 칭의론 다시 읽기』 (서울: IVP, 203, 207)

추가 설명 14. 상급론　　　　　　　　　　　　　　　　　　　　　177
윤종하, 『하나님의 지혜인 십자가』 (서울: 모리아, 154)

추가 설명 15. 새로운 구원론을 위한 제언　　　　　　　　　　　184
김형국, 『사도행전과 하나님 나라』 (서울: 성서유니온, 80 이하)
신광은, 『천하무적 아르뱅주의』 (서울: 포이에마, 398)
정성국, 『묵상과 해석』 (서울: 성서유니온, 280 이하)

예상되는 몇 가지 의문 사항(Q & A)

(※ 어떤 의문 사항이든 먼저 '개략적 답변'을 참조하는 것이 도움이 됩니다)

의문 사항 1. 기독교 역사상 오랫동안 논쟁되어 온 주제를 이렇게 짧은 글로 답변하고자 하는 것이 가능한가? _21

의문 사항 2. '한번 구원은 영원하다'고 약속하는 많은 성경 구절이 있지 않은가? _54, 151

의문 사항 3. 만약 한번 구원이 영원하지 않다면, 죽을 때까지 구원의 확신을 갖지 못하고 불안 가운데 살아야 하는 것 아닌가? _77, 169

의문 사항 4. 순종해야 구원을 얻는다면 어느 정도 순종을 해야 하는가? 구원 얻는 기준이 무엇인가? _66, 129

의문 사항 5. 부자지간(父子之間)은 한번 맺어지면 변할 수 없는 것 아닌가? 설혹 아들이 큰 잘못을 했다 해도 그 인연을 끊을 수는 없지 않은가? _57

의문 사항 6. 구원을 얻었다가 구원에서 탈락할 수도 있는 것이라면, 성령이 들락날락할 수 있는 것인가? _158-159

의문 사항 7. 그렇다면 구원의 확신이란 무엇인가? _77, 151

의문 사항 8. 한번 구원받은 사람은 설혹 성화의 삶이 미진하더라도, 불 가운데서 구원한다고 약속하지 않았는가?(고전 3:15) _155

의문 사항 9. 한번 구원받은 사람은 아무리 죄가 있어도, 육신은 멸하더라도 영혼은 구원한다고 약속하지 않았는가?(고전 5:5) _156

의문 사항 10. 예수님과 함께 십자가에 못 박혀 죽은 강도 중의 하나는, 특별한 행함(순종)도 없이 구원받지 않았는가? _67

의문 사항 11. 일생 동안 구원을 이루어 가는 것이라면 구원 이후의 상급은 없는 것인가? _177-178

여는 글

　사람마다 보는 눈이 있다. 보는 관점과 틀(frame)이 있다는 뜻이다. 정치적인 성향에서도, 보수적인 사람이 있고 진보적인 사람이 있다. 또한, 보수적이거나 진보적이라 하더라도, 그 정도가 사람마다 다르다. 성경을 보는 관점도, 본인의 신앙적 배경 등에 따라 사람마다 조금씩 다를 수 있다.
　심리학자들의 연구 결과에 따르면, 사람들은 보고 싶은 것만 보고, 듣고 싶은 것만 듣는 경향이 있다고 한다(확증 편향, Confirmation Bias). 즉, 자신의 틀에 맞는 것만 걸러서 듣고 보게 된다는 것이다. 이것이 인간의 한계다. 그러나 다른 무엇보다도 진리의 말씀인 성경을, 있는 그대로 볼 수 있는 객관적인 안목이 우리에게 꼭 필요하다.
　유대인들은 지난 수천 년 동안 구약성경을 공부하고 연구해 왔다. 그러나 그 안에 있는 그리스도를 지금까지 발견하지 못하고 있다. 선민주의라는 틀을 벗어나지 못하고 있기 때문이다. 그래서 구약 안에 있는 이방인에 대한 약속이 보이지 않으며 또한 고난받는 종에 대한 이사야 53장 등은 지금까지 난제로 남아 있는 것이다.
　가톨릭 역시 오랫동안 복음을 제대로 이해하지 못했다. 가장 큰 이유는 공로(功勞)주의와 선행(善行)주의의 틀을 가졌기 때문이다. 아무런 공로도 없이, 하나님의 자녀가 된다는 것을 쉽게 받아들이지 못했던 것이다. 그래서 오랫동안 믿음과 은혜로 인한 구원의 도리를 외면하고 행위 구원에 사로잡혔던 것이다.
　종교개혁으로 이런 공로주의와 선행주의를 벗어나 복음의 진리를 되찾았다. 그러나 '오직 은혜'와 '오직 믿음'을 외치며 종교개혁을 일으켰던 마틴 루터는, 행위를 강조한 야고보서를 이해하기가 어려웠다. 그래서 루터는, 야고보서가 지푸라기 문서이며 정경성이 의심스럽다는 극단적인 발언까지 했다. 루터는 은혜주의라고 할 수 있는 틀로 성경을 보았기 때문에, 믿음이 곧 행함이라는 사실을 깨닫기가 어려웠던 것이다. 이처럼 루터까지도 자신의 틀에 갇혔다면 우리는 더 말할 나위가 없을 것이다.

영국의 윌리엄 캐리가 18세기 후반에 이방 선교를 주창했을 때 종교 지도자들은, 이방 선교는 하나님의 주권을 침해하는 행위라고 하면서 그를 비난했다. 그래서 그는 어쩔 수 없이 개인적으로 인도에 가서 1800년에 첫 신자를 얻었다.

그 후 교회에서 이방 선교를 허용한 것은 이로부터 약 50년이 더 지난 1850년경이다. 실로 놀라운 일이 아닐 수 없다. 창세기 12장에서부터 그렇게 수없이 말씀하신 이방에 대한 약속을 받아들이는데 이렇게 긴 세월이 걸린 것이다. 눈이 가리우면 보이지 않는다. 그러므로 우리는 내 생각과 판단이 틀릴 수도 있다는 가능성을 열어 놓고, 겸손히 다른 사람의 의견을 경청하면서 늘 배우는 자세를 가져야 할 것이다.

자기 허물을 능히 깨달을 자 누구리요 나를 숨은 허물에서 벗어나게 하소서(시 19:12).

이 글은 '구원의 영원한 안전'(한번 구원은 영원하다)을 주장하는 전통적인 구원론과는 다른 내용을 담고 있다. 그렇지만 이 글의 내용과 다른 관점을 가진 독자라 하더라도 경계심을 내려놓고 중립적인 태도로 이 글을 읽는다면, 나름대로의 소득이 있을 것이다. 이 글은 가능하면 성경 본문 문맥을 좇아 해석해 가면서 필요한 결론을 도출해 나갈 것이다.

<u>이 글의 7가지 질문은 '한번 구원은 영원한가?'라는 한 가지 질문을 여러 측면에서 살펴본 것이다.</u> 그런데 이 글을 읽기 전에 먼저 구원론을 둘러싼 최근의 교계 동향을 대략 살펴보는 것이 이 글을 이해하는데 도움이 될 것이다(추가 설명 1 참조).

1. 어느 장로(長老)에 관한 이야기

   어느 교회에 존경받는 장로가 있었다. 젊어서부터 신실하게 신앙생활을 해 오면서 교회의 여러 책임도 잘 감당해 온 사람이다. 그런데 그가 어느 날 갑자기 교회에서 사라졌다. 나중에 알고 보니 그가 몇 년 전부터 모종(某種)의 죄에 빠져 헤어 나오지 못하다가 급기야 패가망신하고 교회까지 떠나게 된 것이다. 그 장로가 교회를 떠난 후 오랜 세월이 지났지만 여전히 그 장로를 잊지 못하는 교인들이 많이 있었고, 이 장로의 신앙생활에 대한 평가도 심심찮게 들려왔다. 이 교회는 칼빈주의의 가르침이 강한 전통적인 교회인데, 그 장로에 관한 평가는 대체적으로 다음 두 가지(ⓐ,ⓑ)이다.

   ⓐ : "그 장로가 오랫동안 신앙생활을 잘한 것 같지만, 실제로는 믿음이 있었던 사람이 아니었어. 외형만 갖춘 가라지야. 거듭난 사람이라면 절대로 그런 죄에 빠져 믿음을 버릴 수가 없지. 결국 자기 본색이 드러난거야. 다음 구절이 이에 해당되는 말씀이야."

   ¹⁸아이들아 지금은 마지막 때라 적그리스도가 오리라는 말을 너희가 들은 것과 같이 지금도 많은 적그리스도가 일어났으니 그러므로 우리가 마지막 때인 줄 아노라 ¹⁹그들이 우리에게서 나갔으나 우리에게 속하지 아니하였나니 만일 우리에게 속하였더라면 우리와 함께 거하였으려니와 **그들이 나간 것은 다 우리에게 속하지 아니함을 나타내려 함이니라**(요일 2:18-19).

   ⓑ : "그 장로가 지금은 믿음에서 떠나 있지만 언젠가는 돌아올 거야. 성령이 있는 사람은 믿음을 버릴 수가 없지. 한번 구원받은 사람은 그 구원이 취소될 수 없지. 그리고 만약 최악의 경우에 그 장로가 믿음으로 돌아오지 못하고 그대로 죽는다고 해도, 불 가운데서 구원해 준다고 약속하셨기 때문에 어쨌든 구원은 보장된 거야. 다음 구절이 이에 해당되는 약속이지."

누구든지 그 공적이 불타면 해를 받으리니 그러나 자신은 구원을 받되 불 가운데서 받은 것 같으리라(고전 3:15).

그런데 ⓐ의 인용 말씀은, 그리스도를 대적하는 적그리스도(그 구절의 바로 앞에 나오는 18절)에 해당되는 말씀으로, 이 장로처럼 정상적인 신앙생활을 했던 사람에게 해당되는 말씀이 아니다. 즉, 적그리스도는 다음 말씀처럼 하나님과 예수 자체를 부인하는 자이므로, 우리 논의의 대상이 될 수 없다.

거짓말하는 자가 누구냐 예수께서 그리스도이심을 부인하는 자가 아니냐 **아버지와 아들을 부인하는** 그가 적그리스도니(요일 2:22).

또한 ⓑ의 인용 말씀은, 사역자들의 사역을 평가하는 데 해당되는 말씀으로(관주 성경의 소제목도 '하나님의 동역자'들임), 이 장로의 경우처럼 죄에 빠져 믿음을 떠난 사람들에게 해당되는 말씀이 아니다(※ 본고 2장 6. "구원을 확신할 수 있는가" 참조).
하지만 이 교회의 교인들이 그동안 받아 온 가르침으로는, 이렇게 이해하고 해석할 수밖에 다른 도리가 없다.
과연 그런가?
이 장로는 처음부터 믿음이 없었거나, 아니면 믿음을 가졌던 사람이므로 어떤 죄를 져도 구원은 보장되는 것인가?
과연 ⓐ와 ⓑ의 이 양극단의 견해 밖에는 없는 것인가?
이 글은 이런 질문에 대한 답변을 찾아보고자 하는 것이다.

2. 이 글을 대하는 태도

'한번 구원은 영원한가?'라는 논쟁적인 주제를 대하다 보면, 자칫 큰 그림을 놓칠 수 있다. 그것은 하나님 아버지의 사랑이다. 비록 이 글의 주제가 사람에 따라서는 부정적인 반응을 불러일으킬 수도 있겠지만, 하나님의 사랑이라는 큰 틀 안에서 본다면 그렇게 심각한 문제가 아닐 수 있다.

> 하나님이 세상을 이처럼 사랑하사 독생자를 주셨으니 이는 그를 믿는 자마다 멸망하지 않고 영생을 얻게 하려 하심이라(요 3:16).

위 말씀과 같이 하나님은 우리 같은 죄인을 구원하기 위하여 자신의 모든 것을 주셨다. 그렇게까지 우리를 사랑하시는 하나님이 우리를 쉽게 포기하실 리가 없다. 바울 사도는, 하나님의 사랑은 우리가 다 인식할 수도 없을 만큼 크다고 말하고 있다.

> 능히 모든 성도와 함께 지식에 넘치는 그리스도의 사랑을 알고 그 너비와 길이와 높이와 깊이가 어떠함을 깨달아 하나님의 모든 충만하신 것으로 너희에게 충만하게 하시기를 구하노라(엡 3:18-19).

주님은 자신의 피로 사신 우리를 끝까지 사랑하셔서, 종국에는 우리 모두가 주님의 영원한 품에 안기기를 원하신다. 따라서 부모가 자식을 바라보듯이 긍휼의 마음을 갖고 우리를 사랑의 눈으로 바라보신다. 자식이 무엇을 잘못하는지 찾아서 벌을 주거나 쫓아내려고 회초리를 들고 계시는 분이 아니다.

> 여인이 어찌 그 젖 먹는 자식을 잊겠으며 자기 태에서 난 아들을 긍휼히 여기지 않겠느냐 그들은 혹시 잊을지라도 나는 너를 잊지 아니할 것이라(사 49:15).

아래 말씀처럼 우리를 은혜로 구원하신 하나님이, **동일한 은혜로** 우리를 양육해 구원을 이루어 가신다. 우리 구원의 전(全) 과정이 하나님의 은혜이다(이 글에서 절대로 놓쳐서는 안 되는 개념이다).

> 모든 사람에게 구원을 주시는 하나님의 은혜가 나타나 우리를 양육하시되 경건하지 않은 것과 이 세상 정욕을 다 버리고 신중함과 의로움과 경건함으로 이 세상에 살고 (딛 2:11-12).

우리를 향한 이런 하나님의 마음을 염두(念頭)에 둔다면 이런 논쟁적인 글을 좀 더 여유 있게 대할 수 있을 것이다.[1]

🕊 추가 설명 1. 구원론을 둘러싼 교계의 움직임

(1) 교회사의 흐름
- 4-5세기: 어거스틴의 은혜 지상(至上)주의와 반(半)펠라기우스파의 은혜관(하나님의 은혜와 함께 인간의 책임을 동시에 강조)의 충돌.
- 1517년: 루터의 로마가톨릭을 향한 「95개 반박문」을 선포. 가톨릭의 행위 위주 구원에 대한 반박으로 '오직 은혜', '오직 믿음'을 주장. 그런데 루터는 행위를 강조하는 야고보서에 대한 이해가 부족했음.
- 1559년: 칼빈의 『기독교 강요』 집필. 칼빈은 『기독교 강요』에서, 구원은 일생에 걸친 과정(life long process)이라고 정의함(즉, 구원은 한번 얻고 끝나는 것이 아니라 지속적인 하나님과의 인격적인 관계임을 강조함).

---

[1] 칼빈주의의 5대 교리(TULIP) 중 '성도의 견인'(perseverence)도, 이런 하나님 아버지의 사랑과 언약의 신실하심을 나타내고자 하는 듯하다.

- 1605년: 칼빈의 수제자라 할 수 있는 베자를 중심으로 칼빈의 가르침을 교리화한 **칼빈주의**(이하 C: 한번 구원은 영원하다)가 모습을 드러냄.
- 1610년: 칼빈주의에 대한 반박으로 아르미니우스 목회자들이 항변서 제출-**아르미니우스주의**(이하 A: 구원은 이루어 가는 것이다) 등장.
- 1618년: 토르트 총회에서 칼빈주의의 5대 교리(TULIP) 발표-5대 교리 중 P(Perseverance, 성도의 견인)는 '한번 구원은 영원한 구원'이라는 교리.
- 1740년: 감리교 창시자인 요한 웨슬레가 반(反)칼빈주의를 표방하면서, 한번 구원은 영원한 구원이 아님을 주장.
- 교파별로 보면 장로교와 침례교는 C(한번 구원은 영원하다) 그리고 감리교와 성결교는 A(구원은 이루어 가는 것이다)를 지지하는 경향이 강함.
- 복음적인 신학자나 목사들을 보면, 로이드 존스, 제임스 패커, 존 맥아더, 존 파이퍼 등은 C이고, 존 스토트, 알리스터 맥그라스 등은 중립적이며, 톰 라이트, 스캇 맥나이트 등은 A를 지지함. 또한, 일반적으로 조직신학자는 C, 성경신학자는 A인 경향이 있음.
- 그리고 대중적인 주석 성경(NIV, ESV, 맥아더 성경 주석, 무디 성경 주석, 톰슨II 성경 주석 등)은 C인 반면, 책별로 강해하는 신학 서적은 A가 많은 편임.

(2) 최근 국내 교계의 동향

- 국내에는 80년대에 성경신학과 하나님 나라가 소개되면서부터 전통적인 구원론과는 다른 구원론이 제기되기 시작함(성서유니온 초대 대표인 윤종하 장로 등).

- 그 후 21세기에 접어들면서 한국의 대표적인 복음주의 신학자인 김세윤 교수 등이 전통적인 구원론 가운데 성경적인 가르침이 아닌 부분이 있다고 주장함.

- 국내 교계의 주류인 장로교에서 가장 영향력이 큰 교파는 통합(장로회신학대학교), 합동(총신대학교), 고신(고신대학교) 등인데 교리적인 입장이 각각 조금씩 다름.

① **통합**: 기존 C의 가르침만 고수하다가 A의 가르침에 대해 귀를 열고 있음. 열린 보수라 할 수 있음. 일부 대형 교회에서 '구원은 한번 얻고 끝나는 소유가 아니라 하나님과의 유동적인 관계다'라는 설교를 하고 있음.

② **합동**: 일부 선교 단체와 함께 가장 보수적(닫힌 보수)이어서 C의 입장만을 고수하는 편임. 필자가 다니는 교회가 합동측 장로교인데, 우리 교회에서는 C와 A를 비교적 균형 있게 가르치는 편이며, 사경회에도 양측 강사가 다 와서 말씀을 전하고 있음.

③ **고신**: 과거에는 장로교 중에서 가장 보수적인 교파였는데, 최근 A의 입장을 지지하는 일부 움직임이 있음. 일례로 미래교회포럼(한국 교회 갱신과 부흥을 위하여 고신의 목회자들을 중심으로 모인 포럼)에서 2016년 12월에 종교개혁 500주년 포럼의 주제를 이신칭의(한번 구원은 영원한가)로 정해 약 250명의 목회자(대부분 고신측)들과 함께 포럼을 진행했음. 필자도 1박 2일 동안 진행된 이 포럼에 참석했는데, 전반적인 분위기는 A의 입장을 지지하는 듯했음.

- 「국민일보」에서 목사 500명을 대상으로 구원에 관한 질문이 포함된 설문 조사를 실시함(2017.2.23). 설문 조사 결과, '한번 구원은 영원하다'(C)라고 답한 사람이 52.5퍼센트, '한번 구원은 영원하지 않다'(A)라고 답한 사람이 47.5퍼센트로 양측이 서로 비슷한 비율을

나타냈으나, 점차 A가 증가 추세로 보임.

- 한국의 가장 대중적인 기독교 월간지 중의 하나는 출판된지 35년이 된 「**빛과 소금**」(두란노)이라는 잡지임. 이 책의 2019년 9월호에 '예수를 믿으면 무슨 죄를 짓든 천국은 가나?'라는 주제의 글이 실렸음 (※본고 "추가 설명 3" 참조).

이 잡지에서는 "성경은 신자의 구원의 보장과 탈락을 동시에 다 말한다"라고 하면서 기존 전통적인 구원론의 잘못을 지적하고 있음. 따라서 이제는 이런 논의가 수면 위로 올라와서 전문 신학자들뿐만 아니라 일반 성도들 사이에서도 폭넓게 나누어지고 있음을 알 수 있음.

- 이런 움직임에도 불구하고 강단에서는 아직 C의 가르침이 대세인 것은 사실임. 그러나 최근 A에 대한 내용이 점차 확산되고 있으며, 본고도 이런 일환이라 할 수 있음. 전술한 바와 같이 필자의 주장은 기독교 역사 2,000년 동안 논쟁이 계속되어 온 주제이며, 감리교나 성결교 등 정통 교단에서 가르쳐 온 교리적 주장이기도 함.

- 일반적으로 성경 공부 교재나 찬송가에서는 '한번 구원은 영원하다'는 것을 명시적으로 밝히고 있지 않음. 이는 이런 가르침이 객관적인 진리라기보다는 일종의 교리적인 주장이기 때문임.

- 기독교 역사는 계시의 역사라 할 수 있음. 시간이 흐르면서 계시의 내용이 좀 더 밝히 드러나 하나님 나라의 모습 등을 더 잘 이해할 수 있게 되었음. 이에 따라 구원에 대한 도리(道理) 역시 점점 더 밝혀질 것으로 기대됨.

제1장

개략적 답변

6.25전쟁 때 어느 가정에서 동생은 빨치산 그리고 형은 총을 들고 그 동생을 잡으러 다니는 국군이었다는, 비극적인 가족사를 들은 적이 있다. 이데올로기가 이렇게 무서운 것이다.

'구원' 역시 이데올로기만큼 민감한 주제이다. 그래서 이런 논의가 이성적인 사고보다는 귀를 막고 서로의 기존 주장을 되풀이하는 것일 수도 있다. 어쨌든 이 글은 가능하면 '말씀'(성경)이 무엇을 말하고 있는지를 추적하고자 하는 것이다. 이 글은 전통적인 칼빈주의의 구원관과는 다른 입장의 글로서, 칼빈주의의 많은 가르침 중에서, 특히 '한번 구원은 영원하다'라는 논점에 국한해 이에 대한 반론을 전개해 나아갈 것이다.

그런데 이렇게 언급된 내용들이, 필자와 같은 주장을 하는 측(A)의 전유물은 물론 아니다. 이런 내용은 전통적인 구원관을 주장하는 측(C)에서도 동일하게 적절하게 수용하고 있는 것들이다.

이 책에서는 구원에 대한 7가지 질문을 다루면서, 이에 대한 '개략적 답변'(총론)을 먼저 서술했다. 그리하여 뒤에 나오는 '자세한 답변'(각론)을 읽지 않아도 이 글의 내용을 어느 정도 파악할 수 있도록 했다. 그리고 개략적 답변 중에서도 처음에 나오는 '구원과 하나님 나라'에 이 책의 논지를 요약 정리했다. 독자의 편의를 돕고자 하기 위함이다.

첫째, 구원과 하나님 나라
둘째, 믿음과 행함의 관계
셋째, 구원의 확신
넷째, 7가지 답변의 요약

1. 구원과 하나님 나라

1) 성경의 통일성

그동안 구약은 율법, 신약은 은혜라는 잘못된 구도(構圖)로 성경을 보는 경향이 있었다. 그러나 구약은 오실 메시아를 그리고 신약은 오신 메시아를 보여 주고 있으므로 성경을 구속사적(救贖史的)으로 통일성 있게 보아야 한다. 최근 제기되고 있는 바울 서신에 대한 새 관점도, 구약과 신약을 구분해 이해했던 시각을 교정하고자 하는 시도로 보인다.

20세기에 신학계에서 '성경신학'이라는 새로운 분야가 개척되었다. 그 결과 성경의 가장 큰 주제인 '하나님 나라'에 대한 이해를 새롭게 하게 되었다. 이와 함께 기존 조직신학적 틀로 보아 온 구원론을, 신구약의 연속성하에 새롭게 정리하게 되었다.

구원이란, 어디에서부터(from) 어디로(to) 건져 내는 것을 말한다. 즉, 구원이란 다음 말씀처럼 사탄의 나라(마 12:26)에서 하나님 나라(마 12:28)로 옮겨지는 것이다.

> 그가 우리를 흑암의 권세에서 **건져 내사** 그의 사랑의 아들의 나라로 **옮기셨으니** (골 1:13).

사탄의 나라(지배 영역)에서 하나님의 나라로 이동했다는 것은, 이제는 하나님이 통치하시는 나라로 들어갔다는 것이다. 즉, 구원이란 왕을 바꾸는 정치적인 행위이다. 소속을 바꾸는 것이다. 윤리적이고 도덕적인 삶은, 이후에 따라오는 결과라 할 수 있다.

에덴동산은 하나님 나라의 원형이다. 아담과 하와 그리고 하나님의 관계는 창조주와 피조물과의 관계다. 피조물인 인간이 하나님의 통치를 받을(순종) 때 생명(구원)이 있고, 하나님의 통치를 벗어나 자기 독립 선언

(죄, 불순종)을 할 때 생명(영적)을 잃게 된다.

즉, 하나님께 순종하지 않으면, 하나님과의 관계가 끊어져 영적 죽음의 상태에 이르게 된다. 반면에 하나님의 통치를 받게 될 때 생명 보호(구원)가 이루어진다. 따라서 구원받은 하나님 나라 백성이라면 '현재' 하나님께 순종하며 그 나라 법을 따르고 있어야 한다.[1]

(1) 순종 : 신구약의 중심 사상

언약의 관점에서 보면, 아브라함의 언약이 시내산 언약으로 이어진다. 신명기에서 그 언약을 다시 확인하게 된다. 그 언약의 핵심은, 순종하면 복을 받고 불순종하면 화를 받는다는 것이다.

그런데 이스라엘 백성들과 맺은 언약은, 에덴동산의 언약처럼 그들의 불순종으로 지켜지지 않았다. 그러자 하나님은 이들을 바벨론 포로로 보내어 담금질한 후 새 언약을 주셨다(렘 31:31-33). 새 언약의 특징은 다음 말씀처럼 새 영(성령)을 통해 순종할 수 있는(율법을 지킬 수 있는) 능력을 주신다는 것이다.[2]

> 또 새 영을 너희 속에 두고 새 마음을 너희에게 주되 너희 육신에서 굳은 마음을 제거하고 부드러운 마음을 줄 것이며 또 내 영을 너희 속에 두어 너희로 내 율례를 행하게 하리니 너희가 내 규례를 지켜 행할지라(겔 36:26-27).

이런 언약(순종을 전제로 하는)이 신약 시대로 이어진다. 예수님이 부활 후 엠마오로 가는 두 제자의 마음을 뜨겁게 한 복음은, 구약의 이야기이다. 사도행전에서 바울을 비롯한 사도들이 전한 복음 역시 구약의 언약이

---

1 그런데 여기에서의 순종은 단회적(單回的)인 순간순간의 순종이라기보다는, '기본적인 순종의 태도'를 말한다. 즉, 믿음에서 떠나지 아니하고 하나님과 관계를 유지하고 있는 것을 말한다(이하 동일한 의미임).

2 "제2장 5. 오직 믿음인가 (1) 새 언약"을 참조하라.

다. 언약의 기초는 순종이다. 순종은 신구약의 일관된 사상이다.

그래서 예수님도 산상수훈에서 구약의 가르침과 동일하게 다음과 같이 행함(순종)을 강조하신다.

> 나더러 주여 주여 하는 자마다 다 천국에 들어갈 것이 아니요 다만 하늘에 계신 내 아버지의 뜻대로 행하는 자라야 들어가리라(마 7:21).[3]

> 내가 너희에게 이르노니 너희 의가 서기관과 바리새인보다 더 낫지 못하면 결코 천국에 들어가지 못하리라(마 5:20).

> 내가 율법이나 선지자를 폐하러 온 줄로 생각하지 말라 폐하러 온 것이 아니요 완전하게 하려 함이라(마 5:17).

믿음을 강조한다고 하는 다음 로마서 말씀에서도 복음서와 마찬가지로 율법을 행할 것(순종)을 동일하게 요구하고 있다.

> 하나님 앞에서는 율법을 듣는 자가 의인이 아니요 오직 율법을 행하는 자라야 의롭다 하심을 얻으리니(롬 2:13).

---

3 C의 관점에서는 이 구절이 거짓 선지자의 문맥에 나오는 말씀이므로 신자들에게 해당되는 것이 아니라고 해석하기도 한다. 그러나 이 구절은 거짓 선지자뿐 아니라 신자들에게도 적용되는 일반적인 교훈으로 보아야 한다. 그렇지 않으면 이 문맥의 끝에서 순종을 강조하고 있는, 반석 위와 모래 위에 지은 집에 대한 교훈 역시 거짓 선지자와 연관된 것이라고 볼 수밖에 없다. 그것은 올바른 해석이 아니다. 또한 무엇보다도, 이 구절의 병행 구절인 누가복음 6:46을 보면, 이 말씀이 거짓 선지자가 아닌 일반 신자에 대한 것임을 바로 알 수 있다. 그리고 이 문맥에서의 거짓 선지자는, 다음 말씀처럼 처음에는 신자였을 가능성이 크다. "그러나 백성 가운데 또한 거짓 선지자들이 일어났었나니 이와 같이 너희 중에도 거짓 선생들이 있으리라 그들은 멸망하게 할 이단을 가만히 끌어들여 자기들을 사신 주를 부인하고[그들은 자기들을 값 주고 사신 주님을 부인하고, 새번역] 임박한 멸망을 스스로 취하는 자들이라"(벧후 2:1).

그런즉 우리가 믿음으로 말미암아 율법을 파기하느냐 그럴 수 없느니라 도리어 율법을 굳게 세우느니라(롬 3:31).

그리고 이어지는 다음 로마서 8장의 말씀은, 신구약을 연결하는 언약 사상의 중심 구절로 특별히 주목할 필요가 있다.

그것은, 육신을 따라 살지 않고 성령을 따라 사는 우리가, **율법이 요구하는 바를 이루게 하시려는 것입니다**(롬 8:4, 새번역).

위 구절은 '성령'을 따라(이것이 새 언약이다) 행하여 율법의 요구를 이루어야(율법에 순종해야) 함을 말씀하고 있다.[4] 즉, 다음 말씀처럼 성령을 따라 행하여(이것이 새 언약이다) 육체의 욕심을 제어해야 한다.

내가 이르노니 너희는 성령을 따라 행하라 그리하면 육체의 욕심을 이루지 아니하리라(갈 5:16).

만약 새 언약으로 주어진 성령을 따라 살지 않고 육신대로 살면(불순종) 다음 말씀처럼 죽을 것(구원의 탈락)이라고 경고하고 있다. 이런 경고가 이신칭의를 강조한다고 하는 로마서에 있음을 간과해서는 안 된다.

그러므로 형제들아 우리가 빚진 자로되 육신에게 져서 육신대로 살 것이 아니니라 **너희가 육신대로 살면 반드시 죽을 것이로되** 영으로써 몸의 행실을 죽이면 살리니(롬 8:12-13).[5]

---

4 존 스토트는 로마서 8:4을 로마서 3:31과 연결해 이해하는 것이, 복음과 구원을 파악하는 중요한 열쇠라고 했다(『로마서 강해』[서울: IVP], 153).

5 여기에서의 '너희'는 로마서 8:1-2의 정죄함이 없고 죄와 사망의 법에서 해방된 사람 즉 구원받은 형제를 지칭하고 있다.

다음 에베소서 5장의 아내와 남편을 위한 권면의 말씀은 곧 그리스도와 교회와의 관계를 나타내는 말씀이기도 하다. 이 말씀에서 남편과 아내에게 주어진 명령은 각각 **사랑**과 **복종**이다. 이것이 결혼 관계를 이루어 가는 기초이다.

> 아내들이여 자기 남편에게 복종하기를 주께 하듯 하라 이는 남편이 아내의 머리 됨이 그리스도께서 교회의 머리 됨과 같음이니 그가 바로 몸의 구주시니라 그러므로 교회가 그리스도에게 하듯 아내들도 범사에 자기 남편에게 복종할지니라 남편들아 아내 사랑하기를 그리스도께서 교회를 사랑하시고 그 교회를 위하여 자신을 주심 같이 하라(엡 5:22-25).

부부 관계와 동일하게 주님과 우리(교회)와의 언약을 이루어 가는 기초 역시 **사랑**과 **복종**(순종)이다. 그런데 언약 당사자 중 주님께서는 신실하게 우리를 사랑하시므로, 결국 이 언약 관계는 우리의 순종 여부에 달린 것이다.[6]

앞서 살펴본 복음서(산상수훈)와 서신서에 이어 성경의 끝 책인 요한계시록은 어떠한가?

그것 역시 아래와 같이 동일하게 그리스도의 신부(하나님 나라 백성)의 자격은 옳은 행실(순종)이라고 말씀하고 있다.

> 우리가 즐거워하고 크게 기뻐하며 그에게 영광을 돌리세 어린양의 혼인 기약이 이르렀고 그의 아내가 자신을 준비하였으므로 그에게 빛나고 깨끗한 세마포 옷을 입도록 허락하셨으니 이 세마포 옷은 성도들의 옳은 행실이로다 하더라(계 19:7-8).

---

[6] 하나님과의 언약 관계가 없이(관계를 맺지 않고) 율법을 준수하고자 하는 것은 율법주의(바리새인들이 그러했다)이다. 이와는 반대로 하나님과의 관계를 강조하면서 율법(순종)을 경시하는 것은, 일종의 은혜주의라 할 수 있다. 율법주의뿐 아니라 순종을 경시하는 은혜주의 역시 잘못된 것이다.

따라서 예수님이 다 이루셨기 때문에 구원받은 이후에는 순종이 없어도 (육신대로 살아도) 구원은 확정적이라는 생각은, 신구약의 일관된 메시지에 맞지 않는 것이다. 하나님의 은혜가 모든 것을 무조건적으로 용서하고 덮어 준다는 생각은 은혜에 대한 오해(誤解)이며 오용(誤用)이다. <u>성경적 의미에서의 은혜는, 아무런 '공로'가 없이 주어지는 것이기는 하지만 수혜자(受惠者)에 대한 일정한 '기대'가 있다.</u>[7]

성경의 전체 주제인 '하나님 나라'와 함께 성경을 통일성 있게 보는 또 다른 관점이 '언약'과 '성전' 개념이다. 어떤 관점으로 보든 동일하게 이에 대한 심판(구원의 탈락)이, 아래 표와 같이 있음을 주목해야 한다.

	하나님 나라	언약	성전
관련 구절	너희도 정녕 이것을 알거니와 음행하는 자나 더러운 자나 탐하는 자 곧 우상 숭배자는 다 그리스도와 **하나님의 나라에서 기업을 얻지 못하리니** (엡 5:5).	또 하나님이 누구에게 맹세하사 **그의 안식에 들어오지 못하리라** 하셨느냐 곧 순종하지 아니하던 자들에게가 아니냐 (히 3:18).	누구든지 하나님의 성전을 더럽히면 하나님이 그 사람을 멸하시리라 하나님의 성전은 거룩하니 너희도 그러하니라 (고전 3:17).
구원을 이루어 감	하나님의 통치를 받음	순종함	거룩함
구원의 탈락	음행 등으로 통치를 벗어나면 하나님 나라에 못 들어간다.	불순종으로 언약을 어기면 안식에 못 들어간다.	성전(공동체)을 더럽히면 멸망을 당한다.

(2) 신구약의 동일한 구원 여정(旅程)

구원이, 사탄의 나라에서 하나님 나라로 옮겨지는 것인데, 이를 달리 표현하면 '죽음'에서 '생명'으로 이동하는 것이다. 그런데 '생명'은 항상 현재시제이고 진행형이다. 그렇기에 구원을 받은 사람은 '현재' 그 믿음이 있어야 한다. 이것이 생명이 있다는 징표이다.

---

[7] "제2장 4. 오직 은혜인가"를 참조하라.

다음의 말씀처럼 처음 가졌던 믿음을 현재 진행형으로 끝까지 간직하고 있어야 구원을 완성하게 된다.

> 우리가 시작할 때에 확신한 것을 끝까지 견고히 잡고 있으면 그리스도와 함께 참여한 (구원을 함께 누리는, 새번역) 자가 되리라(히 3:14).

> 그러나 끝까지 견디는 자는 구원을 얻으리라(마 24:13).

따라서 과거에 주님을 영접했던 사람은, 과거에 가졌던 그 믿음을 현재도 지키고 있어야 한다. 만일 '현재' 그 믿음이 없다면, 그 사람은 구원에서 멀어진 것이다. 즉, 현재 생명이 없는 것이다.

현재 그 믿음이 있다면, 그 믿음은 그의 행함으로 나타난다. 행함이 곧 생명이 있음을 보여 주는 '생명 현상'이다. 따라서 현재 행함(순종)이 없다면 그 믿음은 죽은 것이며, 그와 같이 죽은 믿음으로는 다음 말씀에서와 같이 구원을 받을 수 없다.

> 내 형제들아 만일 사람이 믿음이 있노라 하고 행함이 없으면 무슨 유익이 있으리요 그 믿음이 능히 자기를 구원하겠느냐(약 2:14).

그런데 기존의 전통적인 구원관에서, 구원이란 '현재'의 삶과 상관없이 과거 어느 순간에 확보된 정적인 사건으로 이해하고 있다. 그러나 구원이란 칼빈이 정의(定義)한 것처럼 '일생에 걸친 과정'(life long process)이다. 즉, 구원이란 과거, 현재, 미래로 이어지는 동적(動的)인 과정인 것이다.

'구원'이라는 용어의 성경적 용례(用例)도 이를 보여 준다. 구원은 과거적인(현재 완료) 표현뿐 아니라 현재적(현재 진행) 그리고 미래적 표현이 많이 나온다.[8] 디모데에 대한 바울의 다음 권면이 미래적 구원을 말씀하고 있는 하나의 예(例)이다.

> 이 모든 일에 전심 전력하여 너의 성숙함을 모든 사람에게 나타나게 하라 네가 네 자신과 가르침을 살펴 이 일을 계속하라 이것을 행함으로 네 자신과 네게 듣는 자를 구원하리라(you will save both yourself and your hearers, 딤전 4:15-16).[9]

구원의 동적(動的)인 과정을 잘 나타내고 있는 것이, 다음의 고린도전서 말씀이다. 이런 명확한 말씀이 구원의 관점에서 간과되어 왔다.

> 형제들아 나는 너희가 알지 못하기를 원하지 아니하노니 우리 조상들이 다 구름 아래에 있고 바다 가운데로 지나며 모세에게 속하여 다 구름과 바다에서 세례를 받고 다 같은 신령한 음식을 먹으며 다 같은 신령한 음료를 마셨으니 이는 그들을 따르는 신령한 반석으로부터 마셨으매 그 반석은 곧 그리스도시라 그러나 그들의 다수를 하나님이 기뻐하지 아니하셨으므로 그들이 광야에서 멸망을 받았느니라(고전 10:1-5).

위 말씀에서 이스라엘 백성들은, 홍해를 건너면서 집단적으로 세례를 받고 그리스도(메시아)를 경험하면서 구원받은 하나님 나라의 백성이 된다. 그런데도 불순종으로 다수(多數)가 광야에서 멸망당하고, 가나안 땅에 들어가지 못했다. 즉, 이미 구원을 얻었지만(과거의 구원), 종국적으로 구원(미래의 구원)에 이르지 못한 것이다. 시작은 잘했지만 마무리를 제대로 못한 것이다.[10]

---

8 "추가 설명 5. 구원의 여정에 관한 구절"을 참조하라.
9 이 말씀에서 장차 구원의 대상에 디모데로부터 말씀을 듣는 자뿐 아니라, '디모데 자신'도 포함되어 있음에 유의하라.
10 광야에서의 이스라엘 백성의 실패는, 다음과 같은 말씀에서도 반복해 언급되고 있다. "듣고 격노하시게 하던 자가 누구냐 **모세를 따라 애굽에서 나온 모든 사람이 아니냐** 또 하나님이 사십 년 동안 누구에게 노하셨느냐 그들의 시체가 광야에 엎드러진 범죄한

위 구절에 이어지는 다음 구절을 주목해 보자. 이 말씀은 이스라엘 백성의 실패를 거울삼아 오늘을 사는 우리가 깨어 있도록 권면하고 있다.

그들에게 일어난 이런 일은 본보기가 되고 또한 말세를 만난 우리를 깨우치기 위하여 기록되었느니라 그런즉 선 줄로 생각하는 자는 넘어질까 조심하라(고전 10:11-12).

이스라엘 백성의 여정은 3가지 과정으로 볼 수 있다.

첫째, 출애굽(과거의 구원)
둘째, 광야 길(현재의 구원)
셋째, 가나안(미래의 구원)

이 전(全) 과정이 구원의 과정이다.
하나님 나라 백성의 여정 역시 동일한 구도(構圖)로 다음과 같이 이루어져 있다.

첫째, 주님 영접(출애굽, 과거)
둘째, 현재의 삶(광야, 현재)
셋째, 완성된 하나님 나라 입성(가나안, 미래)

이런 구원 여정의 첫째 단계(주님 영접) 즉 하나님 나라에 속하게 된 것을 'get in'이라 할 수 있으며, 다음 둘째 단계(현재의 삶) 즉 하나님 나라에

자들에게가 아니냐 또 하나님이 누구에게 맹세하사 <u>그의 안식에 들어오지 못하리라</u> 하셨느냐 곧 순종하지 아니하던 자들에게가 아니냐 이로 보건대 그들이 믿지 아니하므로 능히 들어가지 못한 것이라"(히 3:16-19). "너희가 본래 모든 사실을 알고 있으나 내가 너희로 다시 생각나게 하고자 하노라 **주께서 백성을 애굽에서 구원하여 내시고** <u>후에</u> <u>믿지 아니하는 자들을 멸하셨으며</u>"(유 1:5).

머물러 있음을 'stay in'이라 할 수 있다. 그리고 셋째 단계(영원한 삶) 즉 완성된 하나님 나라를 'complete in'이라 할 수 있다.

우리의 구원 여정은 다음의 세 구절과 같이 **과거**에 받은 구원이, **현재** 이루어져 가고 있으며, **미래**에 완성될 것이다.

너희는 그 은혜에 의하여 믿음으로 말미암아 구원을 받았으니 이것은 너희에게서 난 것이 아니요 하나님의 선물이라(과거의 구원, 엡 2:8).

그러므로 나의 사랑하는 자들아 너희가 나 있을 때뿐 아니라 더욱 지금 나 없을 때에도 항상 복종하여 두렵고 떨림으로 너희 구원을 이루라(현재의 구원, 빌 2:12).

또 너희가 내 이름으로 말미암아 모든 사람에게 미움을 받을 것이나 끝까지 견디는 자는 구원을 얻으리라(미래의 구원, 마 10:22).

위와 같은 구원의 세 과정을 좀 더 살펴보자.

첫째, 출애굽 과정이다.

회심해 복음을 받아들이는 것이다. 주님을 인격적으로 알게 되며, 주님을 왕과 주인으로 모셔 들이는 것이다(영접, 요 1:12). 구원의 길(여정)에 들어서는 것이다.[11]

---

[11] 이 회심의 과정에서, 우리의 개인적인 결단(주님 영접) 이전에 먼저 예수님이 우리의 구원을 위하여 율법의 온전한 준행자가 되셨다. 이것이 우리 구원의 근원이 되는 것이다. "한 사람이 순종하지 아니함으로 많은 사람이 죄인 된 것같이 한 사람이 순종하심으로 많은 사람이 의인이 되리라"(롬 5:19). 이 말씀처럼 '인류의 대표'인 첫 아담의 불순종으로 우리 모두가 죄인이 되었지만, 마지막 아담인 예수님의 '대표적인 순종'으로 우리가 의인이 된 것이다. 이것이 은혜요 복음(기쁜 소식)이다. 우리가 복음을 받아들이는 결단은 이미 주님께서 이루어 놓으신 구속의 은혜를 받아들이는 것이다. 즉, 주님의 공로에 힘입어 구원의 길에 들어가는 것이다. 성경신학의 개척자라 할 수 있는 게할더스 보스의 표현에 의하면, 주님을 개인적으로 영접한다는 것은, 이미 주님께서 이루

이 첫 과정은 결코 쉬운 것이 아니다. 성경에 나오는 부자 청년은 나름대로 하나님을 향한 열심이 있었지만, 재물을 내려놓지 못해 그 길에 들어서지 못했다. 영적 출애굽(과거의 구원 즉 구원을 얻는 것)이 하나님의 은혜에 의한 것(엡 2:8-9)이지만, 동시에 우리의 결단과 헌신을 간과해서는 안 된다.

둘째, 광야의 여정이다.

출애굽 후에 가나안 땅을 향해 가면서 구원을 이루어 가는 과정이다(빌 2:12). 현재 우리가 살아가고 있는 모습이다. 그러나 이 과정 역시 처음 출애굽 과정과 동일하게 주님의 은혜로 진행된다.

> 모든 사람에게 구원을 주시는 하나님의 은혜가 나타나 우리를 양육하시되 경건하지 않은 것과 이 세상 정욕을 다 버리고 신중함과 의로움과 경건함으로 이 세상에 살고 (딛 2:11-12).

위 말씀처럼 은혜로 구원받은 우리는 또한 은혜로 양육을 받는다. 양육이라 함은 구원을 이루어 가는 과정을 의미한다. 이렇게 우리를 양육하며 구원을 이루어 가는 분은 성령이시다. 성령의 은혜와 능력이 이런 삶을 가능하게 하며 장차 우리의 구원을 완성해 주실 것이다. 이것이 새 언약의 은혜이다.

광야의 이스라엘 백성에게 매일 만나가 하늘에서 내려오고, 구름기둥과 불기둥의 보호와 인도가 따랐으며, 옷과 신발 등은 해지지 않았다. 모든 것이 다 하나님의 은혜로 주어졌다. 이스라엘 백성들이 할 일은 그 은혜 안에서 만나를 먹고 광야의 길을 걷는 것이다. 그러나 먹고 걷는 것까지도 하나님이 공급하시는 힘, 즉 하나님의 은혜로 가능한 것이다.

어 놓으신 '객관적이고 중심적인 복음'을 주관적으로 적용하는 것이다.

오늘을 살아가는 우리 역시, 주님의 은혜가 없이는 한순간도 믿음으로 살아갈 수 없으며 구원을 이루어 갈 수 없다. 이처럼 우리가 하나님의 전적(全的) 은혜로 살아가면서 동시에 우리에게 주어진 책임과 역할이 있다는 것은, 피조물인 우리가 다 이해할 수 없는 신비이다.[12] 여기에 우리가 하나님의 형상으로 창조된 인격체로서 자유 의지를 가지고 있다는 의미가 내포된 듯하다.

셋째, 가나안 입성(入城)이다.

구원의 완성 단계이다. 이것 역시 전적으로 하나님의 은혜로 이루어진다.

이상의 세 가지 과정은 연속된 한 가지 구원 사건이다(life long process). 그런데 그동안 조직신학에서는 이런 세 과정을 다음과 같이 각각 별도의 독립된 단계로 설명해 왔다.

첫째, 칭의(구원의 과거)
둘째, 성화(구원의 현재)
셋째, 영화(구원의 미래)

그리고 미래적 구원인 영화는 과거에 구원을 받은 사람에게는 누구에게나 '예외 없이' 주어지는 것으로 생각했다. 단지 성화(구원의 현재)는 사람마다 차이가 있어서, 미래에 구원이 이루어질 때 성화의 정도에 따른 상급의 차등이 있다고 이해해 왔다.

그러나 최근에는 칭의, 성화, 영화를 단계적으로 이해하지 않고, 구원이라는 동일한 현상을 각각 다른 측면(aspect)에서 설명한 것으로 이해하고 있다. 중생(거듭남)과 새 창조 역시 구원에 대한 다른 표현이라 할 수 있다.

---

12 "추가 설명 4. 헬라적 관점과 히브리 관점"을 참조하라.

그동안 칭의(의롭게됨)를 법률적인 의미에서 한번 선언하고 끝나는 것으로 이해해 왔다. 그러나 칭의는 구원을 이루어 가는 과정에서 계속되는 사건이다. 실제로 칭의는 과거적 표현뿐 아니라 현재와 미래적 표현이 함께 있다.[13]

칭의에 대하여, 믿음의 조상인 아브라함의 경우를 살펴보자. 아브라함은 창세기 12장에서 하나님의 부르심을 받고 순종해 나아갔을 때에 '처음으로' 의롭다 함을 받았다. 칭의를 받은 것이다.

그런데 그 후 아브라함은 아래 말씀처럼, 후손에 대한 기대를 가질 수 없는 상황에서 여호와를 믿고 '다시' 의롭다 함을 받았다.

> 그를 이끌고 밖으로 나가 이르시되 하늘을 우러러 뭇별을 셀 수 있나 보라 또 그에게 이르시되 네 자손이 이와 같으리라 아브람이 여호와를 믿으니 **여호와께서 이를 그의 의로 여기시고**(창 15:5-6).

> 믿음이 없어 하나님의 약속을 의심하지 않고 믿음으로 견고하여져서 하나님께 영광을 돌리며 약속하신 그것을 또한 능히 이루실 줄을 확신하였으니 **그러므로 그것이 그에게 의로 여겨졌느니라**(롬 4:20-22).

그리고 그 후 창세기 22장에서 이삭을 바치는 순종의 극치를 보여 주자, 하나님은 다음 말씀처럼 '또다시' 그를 의롭다 하셨다.

> 우리 조상 아브라함이 그 아들 이삭을 제단에 바칠 때에 행함으로 **의롭다 하심을 받은 것이 아니냐**(약 2:21).

---

[13] "추가 설명 5. 구원의 여정에 관한 구절"을 참조하라.

이와 같이 칭의가 일생에 걸쳐 이루어지듯이 성화, 영화 역시 동일하게 일생에 걸쳐 일어나는 것으로 보아야 한다.[14] 그리고 갈라디아서는 로마서와 함께 이신칭의를 강조하는 서신으로 종교개혁의 텍스트로 사용되었다. 즉, 율법으로는 의롭게 될 수 없으며, 믿음으로 의롭게 된다는 것이다. 그런데 종교개혁자들은 율법으로는 '**get in**'(하나님 나라에 들어감) 할 수 없다는 것만을 가르치고, 율법 준수를 통한 '**stay in**'(하나님 나라에 머무름)은 강조하지 않았다.

즉, 갈라디아서의 전반부만을 종교개혁의 텍스트로 활용하고 후반부 말씀은 지나쳐 버린 것이다. 이렇게 된 배경에는, 의롭게 되는 것(구원)을 일생 이루어지는 과정으로 보지 않고, 한번 선언하면 끝나 버리는 것으로 생각했기 때문이다. 'get in'에 이어지는 'stay in' 역시 구원의 과정임을 인식하지 못한 것이다.

갈라디아서는 은혜 안에서 자유를 선언하는 서신이다. 하나님 나라 백성이 된다는 것(get in)은 아래 말씀과 같이 자유를 얻게 되는 것이다.

> 그리스도께서 우리를 자유롭게 하려고 자유를 주셨으니 그러므로 굳건하게 서서 다시는 종의 멍에를 메지 말라(갈 5:1).

그런데 아래 말씀과 같이, 이렇게 얻은 자유를 반납하고 자발적으로 종노릇하는 것이 하나님나라 백성의 삶이다. 'get in' 하면서 얻은 자유를, 'stay in' 하면서 자발적으로 반납하는 것이다.

> 형제들아 너희가 자유를 위하여 부르심을 입었으나 그러나 그 자유로 육체의 기회를 삼지 말고 오직 사랑으로 서로 종 노릇 하라(갈 5:13).

---

14 "추가 설명 5. 구원의 여정에 관한 구절"을 참조하라.

이것이 하나님 나라 백성의 자연스러운 삶이다. 만일 이 자유를 즐거움 가운데 반납하고 사랑 가운데 종노릇을 못한다면 아직 하나님의 통치를 제대로 받지 못하고 있다는 증거이다. 이제 갈라디아서의 결론적인 말씀을 살펴보자.

> [5]우리가 성령으로 믿음을 따라 의의 소망을 기다리노니 [6]그리스도 예수 안에서는 할례나 무할례나 효력이 없으되 사랑으로써 역사하는 믿음뿐이니라(갈 5:5-6).

5절에서는 의의 소망을 기다린다고 했다. 이미(already) 의롭게 되었지만, 아직(not yet) 완성되지 않았기 때문에 인내로 기다리는 것이다. 그리고 6절에서 사랑으로써 역사하는 믿음(오직 사랑으로 표현되는 믿음, 공동번역)을 강조하고 있다.

정리해 보자. '과거'에 믿었던 믿음으로 끝나지 않고, 5절에서는 그 믿음으로 '미래'의 소망을 기다리며, 6절에서는 그 믿음이 '현재'의 사랑으로 표현되고 있다. 이 전(全) 과정이 구원이다.

이런 과정은 다음과 같이 그 구도가 비슷하다.

- 믿음(과거) → 사랑(현재) → 소망(미래)
- 칭의 → 성화 → 영화
- get in → stay in → complete in
- 출애굽 → 광야 여행 → 가나안 입성

이와 같은 구원의 속성은 하나님 나라의 속성과 유사하다. 즉, '하나님 나라'가 이미(already) 임했지만 아직(not yet) 완성되지 않았다. 동일한 맥락으로 '구원' 역시 이미 우리에게 주어졌지만, 아직 완성되지 않았다.

따라서 '구원의 완성'이 곧 우리가 바라는 상급(賞給)인 것이다!

주님과 영원히 함께 있는 것(이것이 곧 구원의 완성이다) 외에 어떤 상이 더 필요하겠는가?

상에 대한 여러 말씀은, 구원을 설명하는 다양한 표현이다![15]

2) 구원은 하나님과 인격적인 관계를 맺는 것

구원을 한마디로 정의하는 것이 쉽지 않지만, 다음 구절이 구원(영생)을 설명하는 대표적인 구절 중의 하나이다.

영생은 곧 유일하신 참 하나님과 그가 보내신 자 예수 그리스도를 아는 것이니이다 (요 17:3).

위 말씀처럼 영생(구원)을 얻는다는 것은 주님을 아는 것이다. 성경에서 '알다'라는 의미는, 지식적으로만 인정하는 지적 동의(知的同意) 정도가 아니다. 지식적으로만 하나님을 믿는 것은, 귀신들도 하고 있다(약 2:19). 성경에서 '알다'라는 의미는, 부부간 동침 관계를 나타내는 친밀한 의미이다.

마리아가 천사에게 말하되 나는 남자를 알지 못하니 어찌 이 일[잉태]이 있으리이까 (눅 1:34).[16]

이처럼 하나님을 안다는 것은 '하나님에 대하여' 아는 교리적인 지식이 아니라 '하나님을' 아는 인격적 관계의 형성이다. 이런 사실을 간과할 때 믿음에 대한 오해가 생길 수 있다. 즉, 믿음이라는 것을, 예수님이 우리를 위하여 죽고 부활해 우리를 '구속(救贖)해 준 사실'을 믿는 것으로 생각하

---

15 "제2장 7. 상급이 있는가"를 참조하라.
16 이 말씀에서의 '알다'와 위에서 언급한 요한복음 17:3에서의 '알다'는 원어로 같은 단어이다.

는 것이다. 그렇지 않다. <u>우리가 믿는 믿음의 대상은 우리를 '구속(救贖)해 준 사실'이 아니라 우리를 구속해 준 '구속주'(救贖主)이다.</u>

> 참 빛 곧 세상에 와서 각 사람에게 비추는 빛이 있었나니 그가 세상에 계셨으며 세상은 그로 말미암아 지은 바 되었으되 세상이 그를 알지 못하였고 자기 땅에 오매 자기 백성이 영접하지 아니하였으나 영접하는 자 곧 그 이름을 믿는 자들에게는 하나님의 자녀가 되는 권세를 주셨으니 (요 1:9-12).

위 말씀에서 예수님은 자기가 왕이고 주인인 자기 땅에 오셨으나 자기 백성으로부터 배척을 받았다. 그런데 이 예수님을 왕과 주인으로 영접하면 하나님의 자녀가 된다. 즉 믿음이란, 예수님의 통치를 인정하고 예수님을 왕으로 받아들이는 것이다. 주인을 바꾸는 것이다. 마치 신부(우리는 그리스도의 신부이다)가 혼인 예식에서 남편의 권위를 받아들이는 것(서양에서는 남편의 성으로 바꾼다)과 유사하다.

그런데 주님을 왕으로 모시고 사는 것은, 한순간의 결심과 헌신으로 끝나는 것이 아니다. 주님과의 인격적인 관계를 맺고 그 관계를 지속해야 한다. 이것이 구원이다. 우리의 결혼 생활과 같은 것이다. 부부가 서로 신실함으로 배우자를 지속적으로 대하는 것이다. 따라서 구원이란 어느 한순간에 끝나는 '단회적'인 사건이 아니라 하나님과의 관계를 유지하는 '과정'인 것이다. 다시 말하면 구원이란 천국 티켓을 획득하는 '소유'의 개념이 아니라, 하나님과의 인격적인 관계를 유지하는 '관계'의 개념인 것이다.

그런데 우리의 구속주인 주님을 아는 것(이것이 영생이고 구원임) 즉 하나님과 인격적인 관계를 형성하는 데에는 어느 정도의 시간이 필요하다. 따라서 처음 복음을 접하는 사람이 전도지 등에 나오는 몇몇 성경 말씀을 통해 단시간에 주님을 믿고 하나님 나라 백성이 되는 것은 어려운 일이다.

그리고 주님과의 관계가 끊어져 구원에서 탈락하는 것 역시 어느 순간에 갑자기 일어나는 일이 아니다. 주님과의 관계를 맺는 데 오랜 시간이 소요되는 것과 같은 이치이다.

다음 말씀의 경우와 같이 죄가 장성해 사망(영적)에 이르는 것은 한순간에 일어나는 일이 아니다.

> 욕심이 잉태한즉 죄를 낳고 **죄가 장성한즉 사망을 낳느니라**(약 1:15).[17]

또한, '포도나무에 붙어 있어도' 열매를 맺지 못하는 가지는 다음 말씀처럼 제거해 버린다고 했다.

> 나는 참포도나무요 내 아버지는 농부라 무릇 **내게 붙어 있어 열매를 맺지 아니하는 가지는 아버지께서 그것을 제거해 버리시고** 무릇 열매를 맺는 가지는 더 열매를 맺게 하려 하여 그것을 깨끗하게 하시느니라(요 15:1-2).

그런데 이 가지는 제거되기 이전에 이미 오래전부터 나무와의 관계가 정상적이지 못하다가, 결국 그 관계가 끊긴 것이다. 이런 상태가 바로 구원에서 멀어져(구원의 탈락) 사망(영적)에 이른 경우이다.

> **믿음으로 말미암아 그리스도께서 너희 마음에 계시게**[머물러 계시게, 새번역] 하시옵고 너희가 사랑 가운데서 뿌리가 박히고 터가 굳어져서(엡 3:17).

위 기도는 바울이 에베소 교회를 위하여 하는 기도이다. 그런데 그 기도 내용이, 그리스도께서 그들의 마음에 계시게 하는 것이다.

---

17 이 말씀의 대상자는 구원받은 형제이다. 이 말씀에 바로 이어지는 야고보서 1:16 말씀이 이를 뒷받침하는 근거 중의 하나이다. "내 사랑하는 형제들아 속지 말라"(약 1:16).

너무 당연한 기도를 불필요하게 하는 것이 아닌가?

그렇지 않다. 이 기도는, 성도들이 주님과 늘 동행하는 삶을 살라는 기도이다. 피상적인 삶을 살지 말라는 것이다.

그렇다면 성도들의 마음에서 그리스도가 안 계실 수도 있다는 말인가?

그렇다. 주님이 우리 마음에서 떠날 수 있다는 것이다. 만일 우리가 주님과의 긴밀한 동행에 힘쓰지 않을 때, 주님과의 '관계'가 소원해질 수 있다는 것이다. 그것이 일시적인 떠남이 아니라 지속되는 경우에는 결국 주님과의 '관계'가 끊어지게 되는 것이다. 결국, 구원의 길에서 멀어지게 되는 것이다.

3) 하나님의 은혜와 우리의 책임

구원이란 하나님과 인격적인 관계를 맺고(get in, 출애굽) 그 관계 안에 머무르며(stay in, 광야 여행) 종국에는 그 관계를 완성하는 것(complete in, 가나안 입성)이다. 이 모든 것은 하나님의 은혜로 우리에게 주어진다.

그런데 은혜로 주어진 이 관계를 원만하게 유지하기 위해서는 우리 쪽에서의 신실함이 요구된다. 이것이 우리의 책임이다. 신실함이 언약의 조건이다. 신실함이 곧 믿음이다. 원어에서도 '신실함'과 '믿음'은 동일한 단어(피스티스)이다.

이 신실함(믿음)이 지속되어야 관계가 지속적으로 유지될 수 있는 것이다. 그렇지 않으면 관계가 깨어진다. 처음 시작(출애굽)했을 때의 믿음(신실함, 순종)을 끝까지(가나안 입성까지) 유지해야 구원을 완성할 수 있는 것이다.

> 우리가 처음 믿을 때에 가졌던 확신을 끝까지 가지고 있으면, 우리는 그리스도께서 주시는 구원을 함께 누리는 사람이 될 것입니다(히 3:14, 새번역).

그런데 그 믿음이 '행함'으로 나타나야 함을 다음 말씀이 보여 주고 있다.

> 내 형제들아 만일 사람이 믿음이 있노라 하고 행함이 없으면 무슨 유익이 있으리요 그 믿음이 능히 자기를 구원하겠느냐 … 아아 허탄한 사람아 행함이 없는 믿음이 헛것인 줄을 알고자 하느냐 … 이로 보건대 사람이 행함으로 의롭다 하심을 받고 믿음으로만은 아니니라 … 영혼 없는 몸이 죽은 것 같이 행함이 없는 믿음은 죽은 것이니라 (약 2:14, 20, 24, 26).

그 믿음의 표현이 '순종'(행함)임을 다음 말씀 역시 보여 주고 있다. 순종하지 아니한 자들은 안식(구원)에 들어가지 못했다.

> 또 하나님이 누구에게 맹세하사 그의 안식에 들어오지 못하리라 하셨느냐 **곧 순종하지 아니하던** 자들에게가 아니냐 이로 보건대 그들이 **믿지 아니하므로** 능히 들어가지 못한 것이라 (히 3:18-19).

> 그러나 그들이 다 복음을 **순종하지 아니하였도다** 이사야가 이르되 주여 우리가 전한 것을 **누가 믿었나이까** 하였으니 (롬 10:16).

아래 말씀처럼 우리는 '생명과 경건에 속한 모든 것'을 은혜로 받아 새로운 피조물이 되었다. 단지 우리는 이것을 간직할 책임(처음 믿음을 유지하는 것)이 있을 뿐이다.

> 그의 신기한 능력으로 생명과 경건에 속한 모든 것을 우리에게 주셨으니 이는 자기의 영광과 덕으로써 우리를 부르신 이를 앎으로 말미암음이라 (벧후 1:3).

그런데 만일 우리에게 주어진 책임을 무시하고 순종하지 않는다면 어떻게 될까?

순종은 곧 믿음의 표현이므로, 불순종(지속적인 불순종)한다는 것은 믿음이 없다는 것이다. 그렇다면 하나님과의 관계가 끊어진 것이다. 구원의 길에서 낙오(落伍)한 것이다.

성경에는 구원에서의 탈락을 경고하는 듯한 많은 말씀이 있다!

이런 경고의 말씀은 단지 구원은 이미 과거에 확보했으니 앞으로는 더 잘 성장하도록 하기 위한 경고인가?

그런데 구원(영생)이 확보된 사람에게 주는 경고치고는 그 어조가 한결같이 급박하고 엄중하다!

위험이 없는 곳에 경고판을 세워 두는 것은 사람을 속이는 것이다. 그리고 위험이 없다(구원은 이미 확보되었다)고 생각하는 사람에게는 그런 경고가 별 효과가 없다. 성경에서의 경고는, 위험(구원의 탈락)을 전제로 한 실제적인 경고이다. 우리의 책임을 엄중히 촉구하는 경고이다.

그런데 이처럼 행함이 구원의 조건이라면 성경은 행위 구원을 말씀하고 있는 것인가?

구원은 은혜와 믿음에 의한 것이며, 행위(원어에서는 행위와 행함이 동일한 단어임)에 의한 것이 아니라고 했다.

다음 로마서 말씀은 구원을 받기 위한 사전적인 행함(공로)이 필요 없다는 것이다.

> 그런즉 육신으로 우리 조상인 아브라함이 무엇을 얻었다 하리요 만일 아브라함이 행위로써 의롭다 하심을 받았으면 자랑할 것이 있으려니와 하나님 앞에서는 없느니라 성경이 무엇을 말하느냐 아브라함이 하나님을 믿으매 그것이 그에게 의로 여겨진 바 되었느니라 (롬 4:1-3).

이처럼 구원을 받기 위한 사전적(事前的)인 행함(공로, 공적)은 필요 없다. 그러나 구원 이후의 사후적(事後的)인 행함(믿음의 징표)은 나타나야 하는 것이다. 우리에게 비교적 익숙한 에베소서 2:8-9 말씀에 이어지는 10절 말씀이 구원받은 이후의 행함을 언급하고 있다.

> ⁸너희는 그 은혜에 의하여 믿음으로 말미암아 구원을 받았으니 이것은 너희에게서 난 것이 아니요 하나님의 선물이라 ⁹행위[work, 공로]에서 난 것이 아니니 이는 누구든지 자랑하지 못하게 함이라 ¹⁰우리는 그가 만드신 바라 그리스도 예수 안에서 선한 일을 위하여 지으심을 받은 자니 이 일은 하나님이 전에 예비하사 우리로 그 가운데서 행하게[walk, 동행]하려 하심이니라(엡 2:8-10).

앞서 언급한 야고보서 말씀 역시 은혜로 구원을 받은 이후에는 믿음의 표현인 행함(순종)이 나타나야 한다는 것이다.

그동안 구원(복음)을 이해할 때에 먼저 서신서를 통하여 이해하고, 다음에 복음서, 그다음에 구약을 보는 경향이 많았다. 이에 따라 먼저 서신서를 통해 구원은 '은혜와 믿음'에 의한 것이라고 전통적으로 정의되어 왔다. 이렇게 정의된 관점으로 복음서(특히, 공관복음)를 보면, '행함'을 강조하는 많은 말씀이 구원의 측면에서 간과되기가 쉽다.[18] 그리고 동일한 관점으로 구약을 보면, 언약 관계에서 강조하고 있는 '순종'에 관한 말씀을 구원의 측면에서 소홀히 하기가 쉽다.

그러나 복음은 먼저 구약을 통하여 이해되고, 그다음에 복음서, 그다음에 서신서를 통하는 것이 복음을 통전적으로 이해하는 데 도움이 된다. 복음의 뿌리는 먼저 구약에서 찾아야 한다. 신약이 기록되기 전 초대 교회에서는 구약 중심으로 복음이 설명되었다. 구약 시대의 성도들도 우리와 동

---

[18] "제1장 2. 믿음과 행함(순종)의 관계 3) 공관복음이 말하는 '이웃 사랑'"을 참조하라.

일하게 '은혜와 믿음'에 의하여 하나님의 백성이 되었다(예. 로마서 4장의 아브라함).

> 또 어려서부터 성경을 알았나니 성경은 능히 너로 하여금 그리스도 예수 안에 있는 믿음으로 말미암아 구원에 이르는 지혜가 있게 하느니라(딤후 3:15).

위 말씀에서의 성경은 구약을 가리킨다. 이 구약에서 예수 그리스도를 발견하고 구원의 지혜를 얻게 되는 것이다.
그렇다면 구약의 성도들이 율법에 순종하는 것은 어떤 의미가 있는가?
그것은 구원을 얻기 위함(get in)이 아니라, 은혜와 믿음으로 이미 얻은 구원을 유지(stay in)하기 위함이다.[19]

이처럼 먼저 구약을 통해 하나님 나라 백성의 삶이 'get in and stay in' 과정이 있음을 알게 되면, 동일한 구도로 신약 시대 성도의 믿음과 삶을 이해할 수 있다. 즉, 신약 성도 역시 은혜와 믿음으로 'get in' 하며, 믿음의 순종(행함)으로 'stay in' 하는 것이다.[20]

> 복음에는 하나님의 의가 나타나서 **믿음으로 믿음에 이르게 하나니** 기록된 바 오직 의인은 믿음으로 말미암아 살리라 함과 같으니라(롬 1:17).

로마서의 주제 구절이라 할 수 있는 위 구절에서는 '믿음으로 믿음에' 이른다고 했다. 이에 대한 해석 중의 하나는, '처음 믿음'은 'get in'이며 '다음 믿음'은 'stay in'으로 보는 것이다.[21]

---

19 E.P. 샌더스, 『바울과 팔레스타인 유대교』, 박규태 역 (서울: 알맹e, 2019), 901-907.
20 구원의 과정을 편의상 'get in'과 'stay in'으로 나눠 설명하고 있지만, 이 둘은 연속된 하나의 과정이다. 즉, 구원이란 순종하겠다는 의지적 결단(get in)과 함께 그 결단대로 살아 내는(stay in) 하나의 과정이다.
21 지금도 교회 내에는 바리새인의 경우처럼 주님을 인격적으로 알지 못하고(요 17:3, 'get in' 과정이 없이) 종교 활동에 열심인 사람들이 많이 있다. 물론 이런 시행착오를 통해

이런 이해를 바탕으로 한다면, 복음서와 로마서 2장 등의 '행함'이, 하나님 나라에 머물러 있는(stay in) 것임을 알 수 있게 된다. 따라서 이런 의미에서의 '행위 구원'은 성경적인 가르침이라 할 수 있다. 그러므로 행위 구원은 무조건 비성경적인 것이라 매도하지 말고, 어떤 의미에서의 행위 구원인지 살펴봐야 할 것이다.

4) 관련 성구(聖句)[22]

이 항목이 본서의 논지를 받쳐 주는 근간이라 할 수 있다. 왜냐하면, '말씀이 말하는 구원'이 무엇이냐가 결국 결론이 되기 때문이다.

성경에는 구원을 보장하는 듯한 말씀이 많이 있다.

그렇다면 '한번 구원은 영원하다'(구원의 영원한 안전)는 것을 지지하는 듯한 여러 말씀을 어떻게 이해해야 하는가?

이런 말씀을 해석하는 데 있어서 중요한 전제는, <u>구원이란 하나님과의 관계가 끊어지지 않고 그분의 통치 안에 머물러 있는 것</u>이라는 사실이다. 이런 전제를 가지고 다음 구절들을 본다면 거의 일관(一貫)되게 말씀들을 해석할 수 있을 것이다.

> [27]내 양은 내 음성을 들으며 나는 그들을 알며 그들은 나를 따르느니라 [28]내가 그들에게 영생을 주노니 영원히 멸망하지 아니할 것이요 또 그들을 내 손에서 빼앗을 자가 없느니라 [29]그들을 주신 내 아버지는 만물보다 크시매 아무도 아버지 손에서 빼앗을 수 없느니라(요 10:27-29).

복음을 깨달아 가는 사람들도 있지만, 정상적인 과정이라 할 수는 없다.

22 더 많은 관련 성구는 "제2장 6. 구원을 확신할 수 있는가"를 참조하라.

구원의 영원한 안전을 언급하는 듯한 28-29절의 약속은, 그 앞 절인 27절 말씀과 같이 '현재' 주님의 음성을 들으며 주님을 따르는 자들(그들)에게 주어진 것이다.

주님의 음성을 듣고 주님을 따르는 자들을!
어느 누가 주님 손에서 빼앗아간다는 말인가?
어림도 없는 일이다!

어쨌든 이 말씀은 '현재' 주님의 통치를 받고 있는 사람들에게 주어진 약속이다. 현재의 삶과 무관하게 무조건적으로 주어진 약속이 아니라는 것이다. 즉, 과거에 예수님을 영접했던 사람이, 현재 주님의 통치를 벗어나 있는 가운데 주장할 수 있는 약속이 아닌 것이다. 이하 구원의 영원한 안전에 대한 다른 말씀들도 다 이런 관점으로 보아야 한다.

> 내가 확신하노니 사망이나 생명이나 천사들이나 권세자들이나 현재 일이나 장래 일이나 능력이나 높음이나 깊음이나 **다른 어떤 피조물이라도** 우리를 우리 주 그리스도 예수 안에 있는 하나님의 사랑에서 끊을 수 없으리라(롬 8:38-39).

위 말씀은 우리 **외부에 있는** 어떤 피조물도 우리를 하나님의 사랑에서 끊을 수 없다는 약속이다. 그만큼 우리를 향한 하나님의 사랑이 강하다는 것이다. 그러나 **내가 스스로** 신랑 되신 주님의 사랑을 저버리고 하나님과의 관계를 끊고 그 통치를 벗어나는 경우에는 해당되지 않는 말씀이다. 그러므로 이런 말씀을 근거로 해 한번 구원은 영원하다는 주장을 할 수 없는 것이다.

구원의 영원한 안전을 약속하는 듯한 다음의 빌립보서 1:6도 전후 문맥을 살펴보아야 한다.

⁵너희가 첫날부터 이제까지 복음을 위한 일에 참여하고 있기 때문이라 ⁶**너희 안에서 착한 일을 시작하신 이가 그리스도 예수의 날까지 이루실 줄을 우리는 확신하노라** ⁷내가 너희 무리를 위하여 이와 같이 생각하는 것이 마땅하니 이는 너희가 내 마음에 있음이며 나의 매임과 복음을 변명함과 확정함에 너희가 다 나와 함께 은혜에 참여한 자가 됨이라(빌 1:5-7).²³

위 말씀 역시 '현재' 빌립보 교인들이 복음의 일에 참여해 오면서 복음의 은혜를 누리고 있다는 것을 전제로 해석해야 한다.

즉, 빌립보서 1:6의 약속은 현재의 삶과 무관하게, 처음 시작된 것이 자동적으로 끝까지 이루어진다는 것이 아니다. 이 약속은 빌립보서 1:5의 삶과 연결되어 있는 것이다.

그가 거룩하게 된 자들을 한번의 제사로 **영원히 온전하게** 하셨느니라 … 하물며 하나님의 아들을 짓밟고 **자기를 거룩하게 한 언약의 피를** 부정한 것으로 여기고 은혜의 성령을 욕되게 하는 자가 당연히 받을 형벌은 얼마나 더 무겁겠느냐 너희는 생각하라 (히 10:14, 29).

위 말씀에서 그리스도의 한번의 제사가 우리를 영원히 온전하게 하셨다고 했지만, 그 한번의 거룩한 제사(자기를 거룩하고 온전하게 한)를 욕되게 하는 사람에게는 해당되지 않는 약속이다.

---

23 "그러므로 내가 내 일이 어떻게 될지를 보아서 곧 이 사람을 보내기를 바라고 나도 속히 가게 될 것을 주 안에서 **확신하노라**"(빌 2:23-24). 이 말씀은 바울이 이 사람 곧 디모데를 먼저 빌립보 교회에 보내고 그 후에 바울 본인도 빌립보 교회에 갈 것을 "확신한다"고 했다. 여기에서의 "확신"은 바울의 강한 소망과 전망을 나타낸 것이다. 실제로 그 후에 바울이 빌립보 교회를 방문했는지는 확실치 않다. 이 구절에서의 "확신"과 빌립보서 1:6에서의 "확신"은 원어상 동일한 단어이다. 6절의 전후 문맥을 보면 여기에서의 "확신"도 빌립보 교인에 대한 바울의 강한 소망과 전망을 나타낸 듯하다.

다음 구절을 보면, 예수님은 자신에게 오는 자를 결코 내쫓지 않으신다고 말씀하신다.

> 아버지께서 내게 주시는 자는 다 내게로 올 것이요 내게 오는 자는 내가 결코 내쫓지 아니하리라 내가 하늘에서 내려온 것은 내 뜻을 행하려 함이 아니요 나를 보내신 이의 뜻을 행하려 함이니라 나를 보내신 이의 뜻은 내게 주신 자 중에 내가 하나도 잃어버리지 아니하고 마지막 날에 다시 살리는 이것이니라(요 6:37-39).

예수님은 우리를 내쫓지 않을 뿐만 아니라 꼭 붙들고 계신다. 아무것도 그 사랑을 끊을 수 없다. 그런데 본인 스스로 그 사랑을 뿌리치고 그 통치를 벗어날 수가 있다.

그렇다면 도망 못 가도록 묶어 둘 수 있지 않은가?

그러나 그것은 하나님의 형상을 따라 창조된 우리의 인격(자유 의지)를 억압하는 것으로, 하나님의 창조 목적에 맞지 않는다. 또한, 위 말씀에서 주님에게 주신 자를 하나도 잃어버리지 않는다고 말씀하셨다. 그러나 가룟 유다처럼 주님의 통치를 거부하고 떠나는 사람은 이에 해당되지 않는다. 주님이 잃어버리지 않겠다고 약속하신 사람은 그 대상이 주님의 통치 안에 머물러 있는 사람이다.

또한, 하나님과 우리가 한번 부자지간(父子之間)이 되면 영원히 변치 않는 것 아니냐고 반문할 수도 있을 것이다. 인간의 부자 관계는 한번 정해지면 변할 수 없다. 그러나 하나님과 우리의 관계를 나타내는 표현은, 부자 관계 뿐 아니라 주종 관계, 부부 관계, 목자와 양의 관계 등 여러 다양한 형태가 있다. 하나님 나라 백성이 갖고 있는 정체성을 인간의 언어로 다양하게 표현한 것 중의 하나가, 부자 관계이다.

창조주 하나님과 피조물인 인간 사이의 관계를 가장 잘 나타내고 있는 대표적인 표현은 언약 관계이며, 부자 관계는 언약 관계 중의 한 측면을 나타낸 것이다. 따라서 인간 부자 관계에서의 모든 특성이, 하나님과 우리와의 관계를 다 설명하고 있는 것은 아니다.

언약 관계의 다른 표현으로는 부부 관계가 있는데, 부부의 경우에는 이혼할 수도 있다. 또한, 포도나무와 가지의 관계로도 묘사되는데, 그 가지를 잘라 낼 수도 있다고 했다(요 15:1-2). 이와 마찬가지로 하나님과 우리 사이를 부자 관계로 설명하기도 하지만, 이 부자 관계는 언약 파기 시 끊어질 수도 있는 것이다. 아버지 하나님은 우리를 절대 버리지 않으시지만, 아들인 우리가 아버지 하나님의 사랑을 뿌리치고 떠날 수 있다는 것이다.

이상과 같이 구원의 영원한 안전을 지지하는 듯한 말씀을 살펴보았는데, 이번에는 구원에서의 탈락을 경고하고 있는 말씀들을 살펴보자.

율법 안에서 의롭다 함을 얻으려 하는 너희는 그리스도에게서 끊어지고 은혜에서 떨어진 자로다(갈 5:4).

위 말씀에서와 같이 율법으로 의롭다 함을 얻으려 하는 갈라디아 교인 중 일부가 그리스도에게서 끊어지고 은혜에서 떨어졌다. 그런데 이들은 원래 복음 안에서 달음질을 잘하던 자들이었는데, 이렇게 구원에서 떨어져 나갔기 때문에 바울이 **다시** 해산하는 수고를 하면서 이들에게 복음을 다시 가르치겠다는 것이다.

너희가 달음질을 잘 하더니 누가 너희를 막아 진리를 순종하지 못하게 하더냐(갈 5:7).

나의 자녀들아 너희 속에 그리스도의 형상을 이루기까지 **다시** 너희를 위하여 해산하는 수고를 하노니(갈 4:19).

다음에는 앞에서 인용되었던 야고보서 1:15의 전후 문맥을 살펴보자.

시험을 참는 자는 복이 있나니 이는 시련을 견디어 낸 자가 주께서 자기를 사랑하는 자들에게 약속하신 생명의 면류관을 얻을 것이기 때문이라 사람이 시험을 받을 때에 내가 하나님께 시험을 받는다 하지 말지니 하나님은 악에게 시험을 받지도 아니하시고 친히 아무도 시험하지 아니하시느니라 오직 각 사람이 시험을 받는 것은 자기 욕심에 끌려 미혹됨이니 욕심이 잉태한즉 죄를 낳고 죄가 장성한즉 사망을 낳느니라 **내 사랑하는 형제들아 속지 말라**(약 1:12-16).

위 말씀에서는 시험으로 다가오는 시련을 견디어 내면 생명을 얻고, 만일 시험에 져서 죄가 장성하면 사망을 낳는다고(구원에서 탈락) 경고하고 있다.[24]

위 구절에서 **바로 이어지는 17절에서는** 모든 좋은 것이 변함없는 하나님 아버지로부터 오는 것을 강조하면서, 믿음의 형제들이 욕심을 갖지 않아야 할 이유를 설명하고 있다.

온갖 좋은 은사와 온전한 선물이 다 위로부터 빛들의 아버지께로부터 내려오나니 그는 변함도 없으시고 회전하는 그림자도 없으시니라(약 1:17).

다음은 유명한 씨 뿌리는 비유의 말씀이다.

길가에 있다는 것은 말씀을 들은 자니 이에 마귀가 가서 그들이 믿어 구원을 얻지 못하게 하려고 말씀을 그 마음에서 빼앗는 것이요 바위 위에 있다는 것은 말씀을 들을 때에 **기쁨으로 받으나 뿌리가 없어 잠깐 믿다가 시련을 당할 때에 배반하는 자요** (눅 8:12-13).

---

24 야고보서 주제 중 하나는 처음(약 1:2)과 끝(약 5:19-20)에서 수미상관식으로 언급되고 있는 '시험'이다.

위 말씀에서 길 가에 있는 것은 구원을 얻지 못했다. 그리고 바위 위에 있는 것은 구원을 얻었으나 **잠깐 믿다가** 믿음을 떠나(하나님의 통치에서 벗어나) 구원에서 멀어진 경우이다.

다음은 히브리서 말씀을 살펴보자.

> 우리가 진리를 아는 지식을 받은 후 짐짓 죄를 범한즉 **다시 속죄하는** 제사가 없고 오직 무서운 마음으로 심판을 기다리는 것과 대적하는 자를 태울 맹렬한 불만 있으리라 모세의 법을 폐한 자도 두세 증인으로 말미암아 불쌍히 여김을 받지 못하고 죽었거든 하물며 하나님의 아들을 짓밟고 **자기를 거룩하게 한 언약의 피를** 부정한 것으로 여기고 은혜의 성령을 욕되게 하는 자가 당연히 받을 형벌은 얼마나 더 무겁겠느냐 너희는 생각하라(히 10:26-29).

위 말씀에서는 '다시' 속죄하는 제사가 없다고 했기 때문에 '이미' 속죄를 받은 사람이다. 또한, '자기를 거룩하게 한 언약의 피'라는 표현대로 '이미' 그리스도의 피로써 씻음을 받은 사람이다. 이런 사람이 주님의 사랑을 저버리고 범죄해 하나님의 사랑에서 끊어질 수 있다는 것이다.

> 한번 빛을 받고 하늘의 은사를 맛보고 성령에 참여한 바 되고 하나님의 선한 말씀과 내세의 능력을 맛보고도 타락한 자들은 **다시 새롭게**[to renew again] 하여 회개하게 할 수 없나니 이는 그들이 하나님의 아들을 다시 십자가에 못 박아 드러내 놓고 욕되게 함이라(히 6:4-6).

위의 히브리서 말씀에서도 '다시' 새롭게 할 수 없다고 했기 때문에 이 사람은 '이미' 새롭게 되었다가 타락한 것으로 보는 것이 타당하다.[25]

---

25 이 구절에 대한 좀 더 자세한 설명은 "제2장 6. 구원을 확신할 수 있는가 3) 구원의 탈락을 경고하는 다른 구절들"을 참조하라.

그리고 예수님을 판 가룟 유다를, 사도행전에서는 다음과 같이 기록하고 있다.

> 이 사람은 본래 우리 수 가운데 참여하여 이 직무의 한 부분을 맡았던 자라 … 봉사와 및 사도의 직무를 대신할 자인지를 보이시옵소서 유다는 이 직무를 버리고 제 곳으로 갔나이다 하고(행 1:17, 25).

유다는 '본래' 사도의 직무를 받은 사람인데 위 말씀에서처럼 이 직무를 버렸다. 이 유다에 대하여, 예수님은 태어나지 않는 것이 좋았다고 말씀했다.

유다가 사도의 직무를 맡을 정도라면, 그를 구원받았던 사람으로 보는 것이 타당하지 않은가?

이런 유다가 구원의 길에서 탈락한 것이다.[26]

요한계시록 7장에서 인침을 받은 무리 중에 12지파 중 단 지파가 빠져 있다. 이는 신약 교회의 12사도 중 가룟 유다가 빠진 것과 유사성이 있어 보인다. 당초 단과 유다라는 이름은, 새 예루살렘의 문(門)과 기초석에 새겨져야할 이름이다(계 21:12, 14). 그런데 이들이 탈락한 것이다. 이는 하나님 나라 백성에 대한 경고로 보인다.

5) 새 창조의 능력

하나님은 만물의 창조주이며 주권자이시다. 만물이 다 하나님의 뜻에 순복한다. 다만 하나님의 형상으로 지음을 받은 인간만 예외인데, 이는 인

---

[26] 예수님은 유다를 포함한 열두 사도를 택하기 전에, 다음 말씀처럼 밤이 새도록 기도한 후에 그들을 부르셨다. 그런데도 그 부르심을 저버릴 수 있다는 것이다. "이 때에 예수께서 기도하시러 산으로 가사 밤이 새도록 하나님께 기도하시고 밝으매 그 제자들을 부르사 그 중에서 열둘을 택하여 사도라 칭하셨으니"(눅 6:12-13).

간은 순종 여부를 결정할 수 있는 인격체이기 때문이다.

하나님은 인간의 범죄(불순종) 가능성을 알면서도 자신의 형상을 좇아 자유 의지를 가진 인격체로 인간을 창조하셨다. 이렇게 처음 창조된 인간을 그리스도 안에서 새롭게 창조하시는 것이 하나님의 전체 창조 계획이다.[27]

할례나 무할례가 아무 것도 아니로되 오직 새로 지으심을 받는 것[a new creation]만이 중요하니라(갈 6:15).

새 창조는 인간의 자유 의지를 제약하지 않으면서 동시에 하나님의 뜻을 이루어 가는 신비한 사역이다. 다시 말하면, 새 창조는 만물 중 유일하게 하나님의 뜻을 거스르는 인간을, 창조주 하나님께 순종하도록 하는 사역이다. 이렇게 하여 하나님이 명실상부 만유의 주권자이심을 드러내는 것이다.

물론 하나님의 주권을 인정하지 않는 불신자의 경우에는 예외이다. 이들은 자신들의 자유로운 선택을 통해 멸망의 길을 가는 것인데, 이들의 발걸음을 강제로 되돌리는 것은 창조의 목적에 맞지 않는다. 이들이 주권자이신 주님 앞에 무릎을 꿇게 되는 때는, 다음 말씀과 같이 세상 끝 날이다.

하늘에 있는 자들과 땅에 있는 자들과 땅 아래에 있는 자들로 모든 무릎을 예수의 이름에 꿇게 하시고(빌 2:10).

하나님은 피조물의 순종을 통해 영광을 받으신다. 창조 사역의 극치는 자유 의지를 가진 피조물의 자발적인 순종이다.

자녀들의 자발적이고 자원하는 효도가 얼마나 부모에게 기쁨이 되는가?

---

27 "제2장 5. 오직 믿음인가 2) 새 창조"를 참조하라.

부모가 주는 상(賞)이나 벌(罰) 때문에 하는 효도는 진정한 효도라 할 수 없다. 하나님의 경우도 마찬가지이다. 우리가 자원함으로 하는 순종을 기뻐하신다. 이것이 우리를 하나님의 형상으로 지어 자유 의지를 주신 중요한 이유일 것이다.

우리의 순종이 창조주 하나님께 영광이 되지만, 우리에게는 무거운 짐이 아닌가?

그렇지 않다. 순종은 다음 말씀과 같이 행복의 길이다.

내가 오늘 네 행복을 위하여 네게 명하는 여호와의 명령과 규례를 지킬 것이 아니냐 (신 10:13).

그렇다면 하나님은 어떻게 그 자녀들을 순종의 사람(거룩한 삶)으로 빚어 가시는가?

일반적으로 사람들은, 능력 앞에서는 감탄하지만 사랑 앞에서는 감동한다고 한다. 하나님도 하나님의 능력보다는 사랑으로 우리를 변화시키신다. 사실 사랑이 가장 큰 능력이다.

자녀들은 부모의 사랑을 알게 될 때 부모를 기쁘게 해 드리며 진정한 효도를 하게 된다. 이와 마찬가지로 우리도 하나님의 사랑을 알게 될 때 그 사랑에 강권(强勸)되어 하나님을 사랑(순종)하게 된다.

능히 모든 성도와 함께 지식에 넘치는 그리스도의 사랑을 알고(엡 3:18).

그리스도의 사랑이 우리를 강권하시는도다 우리가 생각하건대 한 사람이 모든 사람을 대신하여 죽었은즉 모든 사람이 죽은 것이라(고후 5:14).

이런 새 창조는 특별히 성령의 사역이라 할 수 있다.

> 만군의 여호와께서 말씀하시되 이는 힘으로 되지 아니하며 능력으로 되지 아니하고 오직 나의 영으로 되느니라(슥 4:6b).

하나님이 우리를 하나님의 자녀로 받아 주실 때, 하나님은 우리를 그리스도 안에서 의롭다고 여겨 주셨다(칭의).

그런데 우리가 하나님의 자녀(하나님 나라 백성)다운 삶을 살지 못할 때는 어떻게 되는가?

우리가 어떤 식으로 살아도 사랑의 마음으로 무작정 받아 주시는가?

'처음' 우리를 의롭다고 여겨 주신 것처럼 우리의 삶과 관계없이 '계속' 우리를 의롭다고 여겨 주신다면 이것은 하나님의 새 창조 사역에 맞지 않는 것이다. 앞서 언급한대로 새 창조 사역의 가장 큰 의미는, 우리의 순종에 있다.

하나님은 그 자녀를 거룩한 순종의 사람으로 양육해 가신다. 이를 위하여 우리를 사랑 가운데 격려하고 교훈하며 때로는 징계도 하신다. 이 모든 것이 다 사랑의 표현이다.

그러나 끝내 열매를 맺지 못하면 잘라 낸다고 했다(요 15:1-2). 하나님이 잘라 내기 전에 사실은 우리가 하나님을 떠나 이미 하나님과의 관계가 끊어진 상태이다. 따라서 하나님이 잘라 냈다고 하는 것은, 우리가 떠났다는 것의 다른 표현에 불과한 것이다.

창조주 하나님이 하지 않는 일은, 자유 의지를 가진 인간의 자유를 억압하고 강제하는 것이다. 만일 인간이 의지를 억압받게 된다면 이미 그는 자유 의지를 지닌 진정한 인간이 아니다.

그렇기에 하나님은 자신의 사랑을 받아들이지 않는 불신자(不信者)들을 강제하지 않으신다. 또한, 하나님은 자신의 사랑을 받아들였다가 그 사랑을 저버리고 떠나는 신자(信者)들을 강제하지 않으신다. 이 두 가지는 창조주 하나님이 하실 수 없는 일이다. 이것이 인격의 특별함이요 인간의 존엄성이자 존귀함이다.

그렇기에 하나님의 가장 큰 기쁨 중의 하나는 하나님 백성들의 자발적인 순종이다. 그리고 하나님의 가장 큰 슬픔 중의 하나는 하나님의 백성들이 불순종하고 하나님의 사랑의 품을 떠나는 것이다.

하나님 나라 관점에서의 복음에 대한 이해

복음은 예수님이 하나님 나라의 왕이 되셔서 우리를 부르고 계시다는 기쁜 소식이다.

그런데 그동안 복음을 '나 중심으로' 이해하는 경향이 많았다. 즉, 예수님이 나를 구원하기 위하여 돌아가셨다는 것이다. 형벌적, 대속적인 것으로 이해한 것이다. 예수님의 죽으심(형벌 대속)이 복음의 핵심적인 요소인 것은 분명하지만, 이것이 복음의 전부는 아니다. 따라서 구원을 '십자가의 희생에 의한 영혼 구원'만으로 좁게 이해하는 것은 올바른 이해가 아니다.

구원은 영혼과 육체를 포함한 모든 영역에 이루어지는 하나님의 주(主) 되심이다. 구원은 개인과 가정과 사회를 포함하고, 교회와 세상을 포함하며, 현세와 내세를 포함한다. 나아가서는 인간 세계뿐 아니라 모든 창조 세계를 포함하고 있는 것이다(롬 8:20-22).

그동안 구원의 의미를 좁게 이해했는데, 하나님 나라에 대한 사상이 소개되면서 구원의 전모가 드러나게 되었다. 즉, '구원'이 구원받은 것이다.

2. 믿음과 행함(순종)의 관계

1) 행함은 믿음의 표현

구원은 은혜로 주어지고 믿음으로 얻는 것이다. 이것이 종교개혁 투쟁의 값진 열매이다. 그런데 전술한 대로 보이지 않는 믿음이, 보이는 형태로 나타난 것이 행함(순종)이다. 결국, 믿음과 행함은 다음 말씀처럼 구별되기는 하지만 분리될 수 없는 것이다.

> 네가 보거니와 믿음이 그의 행함과 함께 일하고 행함으로 믿음이 온전하게 되었느니라(약 2:22).

요한복음 5:24은 믿음으로 영생을 얻는다는 대표적인 구절이다. 요한복음 5:24의 관련 구절(관주 성경 참조) 중의 하나는 **동일한 저자인** 요한이 쓴 요한일서 3:14이다.

> 내가 진실로 진실로 너희에게 이르노니 내 말을 듣고 또 나 보내신 이를 믿는 자는 영생을 얻었고 심판에 이르지 아니하나니 사망에서 생명으로 옮겼느니라(요 5:24).

> **우리는 형제를 사랑함으로 사망에서 옮겨 생명으로 들어간 줄을 알거니와** 사랑하지 아니하는 자는 사망에 머물러 있느니라(요일 3:14).

요한복음 5:24에서는 '믿음으로' 생명을 얻는다고 한 것에 비해, 위 말씀에서는 '형제를 사랑함으로' 생명을 얻는다고 말씀하고 있다. 결국, 믿음과 사랑(행함)은 본질상 같은 것이다. 사랑은 비가시적(非可視的)인 믿음의 가

시적(可視的) 표현이다.²⁸

다음 말씀에서도 믿음이 사랑으로 표현되어야 함을 강조하고 있다. 사랑은 믿음에서 나오는 행함의 절정이요 에센스라 할 수 있다. 그래서 고린도전서 13장에서 믿음, 소망, 사랑 중 사랑이 제일이라고 말씀하는 것 같다.

> 그리스도 예수 안에서는 할례나 무할례나 효력이 없으되 사랑으로써 역사하는 믿음 뿐이니라(갈 5:6, [그리스도 예수 안에서는, 할례를 받거나 안 받는 것이 문제가 되는 것이 아닙니다. 가장 중요한 것은, 믿음이 사랑을 통해 일하는 것입니다, 새번역]).

그리고 로마서의 주제는 수미상관식(감싸개 구조)으로 앞뒤(롬 1:5 그리고 롬 16:26)에서 강조하고 있는 '믿어 순종하는 것'이다. 즉, 복음을 받아들이고 예수님을 믿는 믿음의 결국은 곧 순종임을 말씀하고 있는 것이다.

십자가 위의 강도

그런데 예수님과 함께 십자가에 못 박혀 죽은 한 강도의 경우에는 아무런 행함도 없이 쉽게 구원을 받지 않았느냐고 반문할 수 있다. 이 강도는 십자가 상에서 처음에는 예수님을 비난했다(마 27:44). 그러다가 십자가에 달려 있는 동안 예수님과의 대화를 통해 예수님이 메시아임을 알게 된 것 같다. 그리고 죽음 직전에 다음과 같이 신앙 고백을 했다.

> 이르되 예수여 당신의 나라[하나님 나라]에 임하실 때에 나를 기억하소서 하니 (눅 23:42).

---

[28] 요한복음 5:24에 대한 자세한 설명은 "제2장 3. 구원의 확신"을 참조하라.

예수님은 살아 계실 때 천국 비유 등을 통해 하나님 나라를 여러 번 설명하셨지만, 제자들은 그 내용을 이해하지 못하고 예수님이 체포되자 다 도망했다. 그래서 아래 말씀과 같이 예수님은 부활 후 40일 동안 제자들을 대상으로 하나님 나라에 대하여 집중적으로 재교육을 하셨다.

> 그가 고난 받으신 후에 또한 그들에게 확실한 많은 증거로 친히 살아 계심을 나타내사 **사십 일 동안 그들에게 보이시며 하나님 나라의 일을 말씀하시니라**(행 1:3).

이런 제자들과는 달리 이 강도는 예수님 부활 전에 이미 하나님 나라에 대한 이해를 분명히 했던 것이다. 어쩌면 이 강도가 단순한 잡범이 아니라, 이스라엘을 구원할 메시아를 소망하는 민족주의자이었는지도 모르겠다. 어쨌든 이 강도는 죽기 직전 구원받을 만한 믿음(하나님 나라의 왕권에 굴복하는)을 갖고 구원을 받았다.

따라서 만약 이 강도를 풀어 주었다면, 이 강도는 자신이 고백한 믿음에 걸맞은 행함(순종)을 하고 살았을 것이다. 종종 병상에서 임종 시에 주위의 권유에 밀려 간신히 믿음을 고백하고 죽는 사람들이 있다. 그런데 과연 이들이 이 강도처럼 구원에 이르는 믿음을 갖게 되었다고 단정 짓는 것은 어려울 수 있다.

2) 행함의 성경적 의미

믿음과 행함의 속성을 알기 위해 원어를 참조하는 것이 도움이 된다. 성경 원어에서 '믿음'으로 번역되는 에무나(히브리어, 구약)와 피스티스(헬라어, 신약)는, '신실함'(언약을 지킴)이라는 뜻을 가지고 있다.

즉, 동일한 단어를 믿음으로도 번역하기도 하고, 신실함으로 번역하기도 한다. 예를 들어, 다음 로마서에서의 '믿음'과, 갈라디아서의 '충성'은 동일한 헬라어 단어인 피스티스를 각각 다르게 번역한 것이다.

기록된 바 오직 의인은 믿음[피스티스]으로 말미암아 살리라 함과 같으니라(롬 1:17b).

오직 성령의 열매는 사랑과 희락과 화평과 오래 참음과 자비와 양선과 충성[피스티스]과(갈 5:22).

이와 같이 원어의 의미를 보더라도, 믿음과 행함(충성, 신실)은 본질상 같은 것이다.

'행함'과 '율법의 행위'

그리고 그동안 많은 사람이 믿음과 행함을 분리해 생각해 온 이유 중의 하나는 '행함'과 '율법의 행위'를 동일한 것으로 이해했기 때문이다.

로마서나 갈라디아서에서 '율법의 행위'라 함은, 유대인들이 그들의 민족적 정체성을 지키기 위한 행위(특히, 할례, 안식일, 음식 규례 등)를 지칭하는 것이다. 이런 율법적인 행위는 믿음의 표현인 '행함'과는 다른 것이다.

이렇게 '행함'과 '율법의 행위'에 대한 이해를 분명히 할 때, 행함을 강조하는 로마서 2장 말씀과 행함을 부정하는 듯한(실제로는 행함을 부정하지 않음) 로마서 3장 말씀을 조화롭게 이해할 수 있다.

하나님 앞에서는 율법을 듣는 자가 의인이 아니요 오직 율법을 행하는 자라야 의롭다 하심을 얻으리니(롬 2:13).

그러므로 율법의 행위로 그의 앞에 의롭다 하심을 얻을 육체가 없나니 율법으로는 죄를 깨달음이니라(롬 3:20).

위 말씀에서 로마서 2:13은 믿음의 표현인 '행함'(율법)이 있어야 의롭다 함을 얻는다고 했다. 이에 비해 로마서 3:20에서는 '율법의 행위'로는 의롭다 함을 얻을 수가 없다고 했다.

로마서와 마찬가지로 갈라디아서의 경우에도 전반부에서는 아래와 같은 말씀이 마치 행함을 부정하는 듯이 보인다.

> 사람이 의롭게 되는 것은 율법의 행위로 말미암음이 아니요 오직 예수 그리스도를 믿음으로 말미암는 줄 알므로 우리도 그리스도 예수를 믿나니 이는 우리가 율법의 행위로써가 아니고 그리스도를 믿음으로써 의롭다 함을 얻으려 함이라 율법의 행위로써는 의롭다 함을 얻을 육체가 없느니라(갈 2:16).

이에 비해 갈라디아서 후반부에서는, 행함이 곧 하나님 나라의 유업을 이어받는 영생의 길이라고 말씀하고 있다.

> 육체의 일은 분명하니 곧 음행과 더러운 것과 호색과 우상 숭배와 주술과 원수 맺는 것과 분쟁과 시기와 분냄과 당 짓는 것과 분열함과 이단과 투기와 술 취함과 방탕함과 또 그와 같은 것들이라 전에 너희에게 경계한 것 같이 경계하노니 **이런 일을 하는 자들은 하나님의 나라를 유업으로 받지 못할 것이요**(갈 5:19-21).

> 스스로 속이지 말라 하나님은 업신여김을 받지 아니하시나니 사람이 무엇으로 심든지 그대로 거두리라 자기의 육체를 위하여 심는 자는 육체로부터 썩어질 것을 거두고 성령을 위하여 심는 자는 성령으로부터 영생을 거두리라(갈 6:7-8).

따라서 '율법의 행위'가 '행함'을 의미하는 것이 아니라는 것을 알 때, 로마서와 갈라디아서를 바르게 이해할 수 있게 된다.

3) 공관복음이 말하는 '이웃 사랑'

어떤 율법교사가 일어나 예수를 시험하여 이르되 선생님 **내가 무엇을 하여야 영생을 얻으리이까** 예수께서 이르시되 율법에 무엇이라 기록되었으며 네가 어떻게 읽느냐 대답하여 이르되 네 마음을 다하며 목숨을 다하며 힘을 다하며 뜻을 다하여 주 너의 하나님을 사랑하고 또한 네 이웃을 네 자신 같이 사랑하라 하였나이다 예수께서 이르시되 네 대답이 옳도다 이를 행하라 그러면 살리라 하시니(눅 10:25-28).

위 말씀은 잘 알려진 '선한 사마리아인' 이야기의 도입부에 나온다. 무엇을 해야 영생을 얻을 수 있느냐는 질문에, 예수님은 하나님 사랑과 이웃 사랑을 하라고 대답하신다. 즉, 하나님 사랑과 이웃 사랑이, 영생에 이르는 길이라는 것이다. 그리고 이에 이어서 강도 만난 유대인에게 자비를 베푼 선한 사마리아인의 이야기 즉 이웃 사랑의 예화를 말씀하신다.

이웃 사랑은 하나님 사랑의 표현이라 할 수 있다. 왜냐하면, 보이는 형제를 사랑하지 않는 사람이 보이지 않는 하나님을 사랑한다고 할 수 없기 때문이다.

누구든지 하나님을 사랑하노라 하고 그 형제를 미워하면 이는 거짓말하는 자니 보는 바 그 형제를 사랑하지 아니하는 자는 보지 못하는 바 하나님을 사랑할 수 없느니라 (요일 4:20).

따라서 이 예화는 이웃 사랑을 실천한 사마리아인이, 유대인 중에서도 가장 종교적인 제사장이나 레위인보다, 하나님을 더 사랑하고 있음을 보여 주고 있는 것이다. 즉, 영생의 길에 더 가까이 있다는 것이다.

아래 로마서 말씀이 그런 의미이다.

그런즉 무할례자가 율법의 규례를 지키면 그 무할례를 할례와 같이 여길 것이 아니냐 또한 본래 무할례자가 율법을 온전히 지키면 율법 조문과 할례를 가지고 율법을 범하는 너를 정죄하지 아니하겠느냐 무릇 표면적 유대인이 유대인이 아니요 표면적 육신의 할례가 할례가 아니니라 오직 이면적 유대인이 유대인이며 할례는 마음에 할지니 영에 있고 율법 조문에 있지 아니한 것이라 그 칭찬이 사람에게서가 아니요 다만 하나님에게서니라(롬 2:26-29).

우리가 구원을 이루기 위하여 순종해야 할 하나님의 법인 율법은 하나님 사랑과 이웃 사랑의 두 계명으로 요약된다. 그리고 이 두 계명은 이웃 사랑이라는 한 계명으로 드러난다. 즉, 아래 말씀처럼 이웃 사랑이 율법의 완성인 것이다.

> 사랑은 이웃에게 악을 행하지 아니하나니 그러므로 사랑은 율법의 완성이니라 (롬 13:10).

> 온 율법은 네 이웃 사랑하기를 네 자신 같이 하라 하신 한 말씀에서 이루어졌나니 (갈 5:14).

단순화하여 표현하면, 아래 말씀과 같이 이웃 사랑이 영생을 얻는 길이다.[29]

---

[29] 이웃 사랑이 영생의 조건이라면 이것은 공로(work)에 의한 행위 구원이라 할 수 있다. 이것은 성경적인 가르침이 아니다. 그러나 여기에서의 이웃 사랑은 주님을 왕으로 모셔 들이는 믿음의 결단을 한(get in) 사람의 믿음의 표현(순종)인 것이다. 그런 의미에서 'get in'과 'stay in'은 동시적으로 연속되는 것으로 볼 수 있다.

> 우리는 형제를 사랑함으로 사망에서 옮겨 생명으로 들어간 줄을 알거니와 사랑하지 아니하는 자는 사망에 머물러 있느니라(요일 3:14).**30**

아래 말씀 역시 영생을 얻기 위한 동일한 질문이다.

> 예수께서 길에 나가실새 한 사람이 달려와서 꿇어 앉아 묻자오되 선한 선생님이여 **내가 무엇을 하여야 영생을 얻으리이까**(막 10:17).

이 사람(부자 청년)의 질문에 대하여 예수님은 십계명 등 율법을 지키라고 말씀하셨다. 행함을 강조하신 것이다. 그리고 재물을 팔도록 요구하셨다. 구원을 얻기 위하여 모든 사람이 다 재물을 처분해야 하는 것은 아니다.

그러나 재물이 주인인 이 청년의 경우에는, 재물을 내려놓고 주인을 하나님으로 바꾸어야 하기 때문에, 그런 요구를 하신 것이다. 사람에 따라서는 재물 대신 명예나 권력 또는 가족이나 건강, 안락한 삶 등이 주인이 될 수 있다. 이 모든 것이 하나님보다 앞서 있는 우상이므로 내려놓아야 한다.

그리고 이 청년에게 가난한 사람을 돕도록 즉 이웃 사랑을 하도록 요구하셨다. 이것이 영생(구원)을 얻는 길임을 가르쳐 주셨다. 그러나 이 청년은 그 요구를 따르지 않았다. 이렇게 이 청년이 구원의 길에서 멀어진 후, 주님께서는 제자들에게 다음과 같이 영생의 길을 말씀하셨다.

---

30 이웃 사랑이 영생(구원)의 길이라면 우리는 어떻게 사랑의 사람이 될 수 있는가? 하나님은 우리를 사랑의 사람으로 변화시키기 위하여(구원하기 위하여), 능력이나 기적 등을 사용하지 않으신다. 오직 우리를 사랑하신다. 주님의 사랑만이 우리를 사랑의 사람으로 만들 수 있다. 그래서 예수님이 부활하신 후 그 기적적인 모습을 예수님의 사랑을 알지 못하는 사람들(제사장이나 서기관 등)에게는 보여 주지 않으셨다. 기적이 사람을 변화시킬 수 없기 때문이다.

> 예수께서 이르시되 내가 진실로 너희에게 이르노니 나와 복음을 위하여 집이나 형제나 자매나 어머니나 아버지나 자식이나 전토를 버린 자는 현세에 있어 집과 형제와 자매와 어머니와 자식과 전토를 백 배나 받되 박해를 겸하여 받고 **내세에 영생을 받지 못할 자가 없느니라** (막 10:29-30).

위 말씀 역시 영생을 받기 위한 믿음은, 자기 부인(행함)으로 나타나야 한다는 것이다.

> 임금이 대답하여 이르시되 내가 진실로 너희에게 이르노니 너희가 여기 내 형제 중에 지극히 작은 자 하나에게 한 것이 곧 내게 한 것이니라 하시고 … 이에 임금이 대답하여 이르시되 내가 진실로 너희에게 이르노니 이 지극히 작은 자 하나에게 하지 아니한 것이 곧 내게 하지 아니한 것이니라 하시리니 **그들은 영벌에, 의인들은 영생에 들어가리라 하시니라** (마 25:40, 45-46).

위 말씀은 이웃 중에서도 지극히 작은 이웃에게 사랑을 베푸는 여부에 따라 그 사람의 구원(영생)이 결정된다는 것이다. 이 말씀 역시 이웃 사랑이 곧 구원의 길임을 보여 주고 있다. 그런데 여기에서의 작은 자는 특별히 공동체 내의 형제를 지칭하고 있어서, 공동체 내의 사랑이 우선적으로 중요함을 알 수 있다.

> 그러므로 우리는 기회 있는 대로 모든 이에게 착한 일을 하되 더욱 믿음의 가정들에게 할지니라 (갈 6:10).

아래 말씀에서는 만일 우리가 이웃을 사랑하지 않고 서로 미워하면 함께 멸망에 이른다고(구원의 탈락) 경고하고 있다.

온 율법은 네 이웃 사랑하기를 네 자신 같이 하라 하신 한 말씀에서 이루어졌나니 만일 서로 물고 먹으면 피차 멸망할까 조심하라(갈 5:14-15).

또한, 아래 말씀에서는 원수를 사랑하는 것이, 구원(하나님의 자녀가 되는 것)의 길이라는 파격적인 말씀을 하신다.
그렇다면 우리 중 과연 누가 구원을 얻을 수 있다는 말인가?

나는 너희에게 이르노니 너희 원수를 사랑하며 너희를 박해하는 자를 위하여 기도하라 이같이 한즉 **하늘에 계신 너희 아버지의 아들이 되리니** 이는 하나님이 그 해를 악인과 선인에게 비추시며 비를 의로운 자와 불의한 자에게 내려주심이라(마 5:44-45).

오직 너희는 원수를 사랑하고 선대하며 아무 것도 바라지 말고 꾸어 주라 그리하면 너희 상이 클 것이요 또 **지극히 높으신 이의 아들이 되리니** 그는 은혜를 모르는 자와 악한 자에게도 인자하시니라(눅 6:35).

아래는 주님께서 가르쳐 주신 기도(주기도)의 일부 내용이다.

우리가 우리에게 죄 지은 자를 사하여 준 것 같이 우리 죄를 사하여 주시옵고(마 6:12).

그런데 주기도가 끝나자마자, 주기도 중에서 위의 **마태복음 6:12** 하나만을 뽑아 아래와 같이 다시 말씀하신다. 마치 주기도 중에서 이 내용이 가장 중요한 것임을 강조하는 것처럼 보인다.

너희가 사람의 잘못을 용서하지 아니하면 너희 아버지께서도 너희 잘못을 용서하지 아니하시리라(마 6:15).

위의 말씀과 같이 다음 말씀에서도, 우리가 다른 사람(원수를 포함해)의 잘못을 용서하지 않으면, 우리 죄도 용서 받을 수 없다(구원받을 수 없다)고 말씀 하신다.

> 너희가 각각 마음으로부터 형제를 용서하지 아니하면 나의 하늘 아버지께서도 너희에게 이와 같이 하시리라(마 18:35).[31]

그렇다면 우리가 어떻게 원수의 잘못까지 용서하며 원수까지 사랑할 수 있는가?

> 결산할 때에 만 달란트 빚진 자 하나를 데려오매 … 그 종의 주인이 불쌍히 여겨 놓아 보내며 그 빚을 탕감하여 주었더니 … 내가 너를 불쌍히 여김과 같이 너도 네 동료를 불쌍히 여김이 마땅하지 아니하냐 하고 주인이 노하여 그 빚을 다 갚도록 그를 옥졸들에게 넘기니라 너희가 각각 마음으로부터 형제를 용서하지 아니하면 나의 하늘 아버지께서도 너희에게 이와 같이 하시리라(마 18:24, 27, 33-35).

위 말씀은 만 달란트(가장 큰 화폐 단위)라는 큰 빚을 탕감받은 사람이, 마땅히 이웃을 사랑해야 함을 보여 주고 있다. 우리 모두는 만 달란트와 같은 큰 죄를 용서받은 사람들이다. 그렇다면 우리는 마땅히 이웃(원수를 포함해)을 용서하고 사랑할 수 있어야 한다. 만일 그렇지 못하면 용서받았던 죄 값을 다시 갚아야 한다는 것이다(34절 말씀). 즉, 구원이 취소될 수 있다는 것이다. 이것은 보통 문제가 아니다.
그런데 우리가 이런 명확한 가르침을 간과하고 있지는 않은가?

---

[31] 형제를 용서한다는 것은 그리스도 안에서 한 몸된 지체를 용납하는 하나됨의 원리이다. 즉, 공동체적 구원으로 이해해야 한다.

우리가 원수까지라도 용서하고 사랑하기 위해서는, 내가 만 달란트의 죄 값을 탕감받은 사람임을 명심해야 할 것이다.[32]

어쨌든 행함이 곧 믿음의 표현이며, 행함 중에서도 율법의 완성이라 할 수 있는 이웃 사랑(원수를 포함해)이, 구원과 직결되어 있음을 알아야 한다.[33]

3. 구원의 확신

1) 구원의 확신과 구원의 안전

우리의 영적 출애굽은 전적인 하나님의 은혜이며 또한 출애굽 이후의 광야 여정 역시 전적인 하나님의 은혜임을 앞에서 살펴봤다. 그러므로 우리를 은혜로 출애굽시켜 주신 그 동일한 하나님을, 우리의 광야 여정에서도 우리는 동일하게 신뢰하고 의지할 수 있다.

하나님이 자기보다 더 큰 이가 없으므로 자기를 가리켜 맹세하면서(히 7:13), 자기를 믿어 달라고 언약하신 그 하나님을 우리는 신뢰할 수 있는 것이다. 이처럼 충분히 믿을 만한 분을 향한 우리의 인격적인 신뢰가,

---

[32] 만 달란트 탕감받은 것을 안다는 것은, 곧 주님의 사랑을 안다는 것이다. 이렇게 우리가 주님의 사랑을 알게 될 때 그 사랑에 강권되어, 우리가 주님을 사랑하고 이웃을 사랑할 수 있게 된다. 이것이 구원의 길이다. "그리스도의 사랑이 우리를 강권하시는도다 우리가 생각하건대 한 사람이 모든 사람을 대신하여 죽었은즉 모든 사람이 죽은 것이라"(고후 5:14).

[33] 요한복음 말씀 역시 공관복음과 같이, 행함(순종)이 영생의 조건임을 보여 주고 있다. "아들을 믿는 자에게는 영생이 있고 아들에게 **순종하지 아니하는 자는** 영생을 보지 못하고 도리어 하나님의 진노가 그 위에 머물러 있느니라"(요 3:36). "진실로 진실로 너희에게 이르노니 사람이 **내 말을 지키면** 영원히 죽음을 보지 아니하리라"(요 8:51) "내가 내 자의로 말한 것이 아니요 나를 보내신 아버지께서 내가 말할 것과 이를 것을 **친히 명령하여 주셨으니** 나는 그의 명령이 영생인 줄 아노라 그러므로 내가 이르는 것은 내 아버지께서 내게 말씀하신 그대로니라 하시니라"(요 12:49-50).

우리 구원의 근원이 되는 것이다.

　그러므로 구원의 확신이란 **현재** 내가 구원받은 하나님 나라 백성으로서, 언약에 신실하신 하나님과의 관계가 견고하다는 것을 확신하는 것이다. 그리하여 **과거**에 나를 은혜로 구원해 주신 하나님이, **장차** 동일한 은혜로 나의 구원을 완성하실 것을 신뢰하는 것이다.

> 하나님께서는 이렇게 위험한 죽음의 고비에서 우리를 건져 주셨고, 지금도 건져 주십니다. 또 앞으로도 건져 주시리라는 희망을 우리는 하나님께 두었습니다
> (고후 1:10, 새번역).

　위 말씀은 바울이 여러 고난 가운데서 하나님이 자신을 건져 주시는 세 가지 측면(과거, 현재, 미래)을 보여 주면서, 하나님께 대한 신뢰를 나타내고 있다. 이와 동일하게 우리의 영적 구원도 하나님이 이루어 주실 것을 신뢰할 수 있는 것이다.

　따라서 구원의 확신이란 언약에 신실하시고 사랑이 많으신 아버지 하나님을 **현재** 내가 신뢰하면서 그분 안에서 평안과 쉼(안식)을 누리는 것이다. 이런 확신이 험한 광야의 인생길을 걸으며 구원을 이루어 가는 데 힘이 되는 것이다. 그리고 성령께서 우리를 도우신다.

　그런데 구원을 이루어 간다는 가르침은, 구원의 안전성을 흔들며 우리에게서 평안을 빼앗아 가는 것이 아닌가 하는 우려를 할 수 있다.

　우리의 신랑인 주님은 너무나 사랑이 많아, 절대로 우리를 포기하지 않는다. 그 무엇도 그 사랑을 끊을 수 없다. 사랑 많은 신랑측에서는 어떤 경우에도 신부를 놓지 않으며, 평생 함께 살고 싶은 뜻이 신부보다 훨씬 더 강하다. 그러니 평생 신랑과 함께 살고 싶어 하는 신부 그 본인만 변심하지 않으면 된다.

　만일 신부가 이런 고민을 한다고 하면 어떨까?

'나는, 나를 너무나 사랑하고 결코 내 곁을 떠나지 않을 이 좋은 신랑과 평생 살고 싶다!
그런데 어떤 부부에게도 이혼의 가능성이 있잖아?
이 좋은 신랑과 이혼을 하게 되면 어떻게 하지?
정말 불안해서 못 견디겠네!'

이런 고민은 논리적으로도 맞지 않는 어리석은 고민이다. 로마서 8:38-39의 약속처럼, 어떤 외부적 환경도 신랑인 예수님의 사랑에서 우리를 끊을 수 없다. 끊을 수 있는 사람은 오직 신부 본인뿐이다. 그러므로 정상적인 신부라면 이혼의 가능성이 있더라도(이혼의 가능성이 전혀 없는 부부는 없다) 그것에 신경 쓰지 않는다. 그저 하루하루의 결혼 생활을, 신부로서의 도리를 지키면서 사랑 많은 신랑과 즐겁게 살아가면 되는 것이다. 실제로 결혼 생활을 하고 있는 우리들의 모습을 보자.

정상적인 부부 관계에 있다면(이혼의 가능성은 어느 부부에게나 있지만), 이혼은 아예 염두에도 없고 서로 신뢰하며 하루하루를 살아가고 있지 않은가?
영적인 면에서도 마찬가지이다!
구원에서 떨어질 것을 염려할 필요 없이, 매일의 삶을 주님과 동행하면서 하루하루 감사함으로 이 광야 길을 걸어가면 되는 것이다![34]
그런데 만약 한번 구원이 영원한 구원이 아니라면, 구원에서의 탈락을 면할 수 있는 순종은 어느 수준이어야 하는지 묻게 된다.[35] 앞서 이야기한

---

[34] 필자 역시 약 30년 동안 '구원의 영원한 안전'을 믿어 오다가 구원관이 바뀌었지만 크게 달라진 것은 없다. 구원을 잃을까 봐 불안해하지도 않고 나름대로 주님과의 동행에 힘쓰면서 살아가고 있다. 필자는 구원과 관련된 성경 본문을 상고해 보면서 도리어 교리적인 확신이 주는 평안과는 다르게 주님께 대한 인격적인 신뢰에서 오는 평안과 안정을 더 누릴 수 있게 되었다.
[35] 자세한 설명은 "제2장 4. 오직 은혜인가?"를 참조하라.

대로 구원은 물건을 확보하는 것처럼 소유하는 것이 아니다. 주님과의 관계이기 때문에 정량적(定量的)으로 정할 수 있는 성질의 것이 아니다. 이는 마치 다음과 같이 묻는 것과 같다.

어느 정도 효도해야 효도한다고 할 수 있는가?

이것은 어떤 수준을 정할 수 있는 것이 아니라, 각 사람의 상황에 따라 최선을 다해 순종의 모드를 유지하는 것이다.

성경에서는 이런 태도를 다음 말씀과 같이 "힘쓴다"라고 표현하고 있다.

어느 정도 힘써야 하는가?

앞서 이야기한 대로 그 수준을 객관적으로 정할 수 있는 것이 아니다.

그러므로 너희가 더욱 힘써 너희 믿음에 덕을, 덕에 지식을 … 그러므로 형제들아 **더욱 힘써** 너희 부르심과 택하심을 굳게 하라 너희가 이것을 행한즉 언제든지 실족하지 아니하리라(벧후 1:5,10).

사랑하는 자들아 우리가 일반으로 받은 구원에 관하여 내가 너희에게 편지하려는 생각이 간절하던 차에 성도에게 단번에 주신 믿음의 도를 위하여 **힘써 싸우라**는 편지로 너희를 권하여야 할 필요를 느꼈노니(유 1:3).

바울 역시 힘을 다하여 달음질하고, 자신을 쳐서 복종시키며, 넘어질까 조심하고, 날마다 죽으며, 푯대를 향해 달려간다고 자신의 삶을 묘사했다.

주님은 우리가 최고(최고는 예수님 뿐이다)가 아니라 최선의 삶을 살기 원하신다!

최고인 주님을 좇아 최선으로!

이것이 "믿음으로 믿음에 이르게"(롬 1:17) 한다는 로마서 말씀의 또 다른 해석이다. 앞의 **믿음**은 최고이신 예수님의 신실함(피스티스)이며, 뒤의 **믿음**은 최선으로 살아가는 우리의 신실함(순종)이다!

그런데 우리의 구원 여정에 우리의 구원을 흔들어 놓는 시험이 왜 이렇게 많은가?

하나님이 우리를 은혜로 양육하는 과정 중 우리를 시험(시련, 테스트)하시며, 이런 시험을 통해 우리를 거룩한 백성으로 양육해 가신다. 이 과정 중 사탄이 훈련 조교로 사용된다. 그래서 시험은 에덴동산에서부터 주님 재림 시까지 계속되는 것이다. 시험은 징계의 경우처럼 하나님 사랑의 또 다른 형태이다.

시험의 목적은, 다음 말씀처럼 ① 시험 → ② 인내 → ③ 온전으로 이어지게 하는 것이다. 시험을 통해 우리의 '편안'하고자 하는 삶을 '평안'(샬롬)의 삶으로 옮기고자 하는 것이다.

> 내 형제들아 너희가 여러 가지 시험을 당하거든 온전히 기쁘게 여기라 이는 너희 믿음의 시련이 인내를 만들어 내는 줄 너희가 앎이라 인내를 온전히 이루라 이는 너희로 온전하고 구비하여 조금도 부족함이 없게 하려 함이라(약 1:2-4).

즉, 이런 시험을 통해 다음 말씀처럼 마침내 우리에게 복을 주시기 위함이다.

> 네 조상들도 알지 못하던 만나를 광야에서 네게 먹이셨나니 이는 다 너를 낮추시며 너를 시험하사 마침내 네게 복을 주려 하심이었느니라(신 8:16).

우리에게 주어지는 시험은 우리가 감당할 만한 것들이다(고전 10:13). 따라서 우리가 그 시험을 감당하지 못하고 넘어진다면 그것은 우리의 책임이다. 선악과 시험 역시 감당하지 못할 시험이 아니었다. 그런데 이런 시험(시련, 테스트)이 **디딤돌**이 되기보다, 때로는 우리의 욕심 때문에 그 시험

이 '유혹'이 되어 죄를 짓게 만드는 **걸림돌**이 되기도 한다.[36]

즉, 야고보서 1:14-15 말씀처럼 ① 시험 → ② 욕심 → ③ 죄 → ④ 사망으로 이어진다면, 그것은 우리의 책임이다. 우리는 이 악순환의 고리를 중간중간에서 끊을 수 있다. 그런데 선악과 시험은, 이 순서대로 진행되어 결국 사망에 이르렀다.

하나님은 우리의 **범죄 가능성**을 아시면서도, 우리를 **하나님의 형상**(자유 의지를 가진 피조물)으로 지으셨다. 또한, 하나님은 우리가 하나님의 사랑을 저버리고 **하나님을 떠날 가능성**을 아시면서도, 우리를 하나님 나라의 거룩한 백성이 되도록 하기 위하여 우리를 **시험**하시는 것이다.

2) '한번 구원은 영원하다'라는 측(C)의 성경 해석

전통적인 입장에서 구원의 확신을 강조하고 있는 C 측 입장을 대변하는 대표적인 구절은 요한복음 10:28-29, 로마서 8:38-39, 빌립보서 1:6 등이다. 그러나 전술한 바와 같이 이런 구절들의 전후 문맥을 살펴보면, 한번 구원은 영원하다는 해석은 무리한 해석이다. 그리고 C 측에서는 구원의 탈락 가능성을 주장하는 측(A)의 근거 구절을 반박한다.

반박 내용은 크게 두 가지이다.

첫째, 그런 경고를 받는 사람들은 구원받지 못한 형식적인 교인이라는 것이다.

둘째, 그런 경고 말씀에서의 사망은 영적 사망(구원에서의 탈락)이 아니라 육체적 사망이라는 것이다.

---

[36] 야고보서 1:2의 시험(시련)과 야고보서 1:14의 시험(유혹)은 원어로 동일한 단어이다.

시중(市中)에 통용되고 있는 대부분의 주석 성경은 대부분 이런 해석을 지지하고 있다. 과연 이런 해석이 옳은지 살펴보자.

1643년부터 약 5년여의 논의 끝에 완성된 웨스트민스터 신앙고백서는 청교도적 개혁주의의 근간이 되어 왔으며, 특히 장로교의 기본 교리로 채택되었다.

이 신앙고백서는 총 33장으로 구성되어 있으며, 제17장인 '성도의 궁극적 구원'이 본고의 내용과 연관되어 있다. 제17장은 3개의 항목으로 구성되어 있는데, 제1항목의 내용은 다음과 같다.

> 하나님께서 그 사랑하시는 독생자 안에서 받아들여 그의 성령에 의하여 효과적으로 불러 성화시키신 자들은 은혜의 자리에서 전적으로 아주 타락할 수 없다. 그들은 은혜의 자리에서 끝까지 참아 영원히 구원받는다(웨스트민스터 신앙고백서 제17장 제1항목).

위와 같은 교리적인 선언이 오랫동안 전통적인 구원관의 뿌리가 되어 왔다. 그러나 이런 교리적 이해는 전술한 바와 같이 성경 해석의 오류에서 비롯된 것이다. 그리고 이런 교리적인 시각이 또 다른 성경 해석을 왜곡시키는 악순환을 낳게 되었다.

(1) 성경에서 구원에서의 탈락을 경고하고 있는 대상이 '구원받지 못한 사람'인가?

C측의 주장은, 성경에서 형제라 할 때에는 꼭 구원받은 사람이 아니라 교회 공동체에 속한 사람들을 통칭해 부르는 용어라는 것이다. 예를 들어 다음 구절에서 베드로가 청중을 부를 때에 형제라 부른 경우이다.

형제들아 성령이 다윗의 입을 통해 예수 잡는 자들의 길잡이가 된 유다를 가리켜 미리 말씀하신 성경이 응하였으니 마땅하도다(행 1:16).

즉, 교회 안에 구원받지 못한 가라지가 있기 때문에 성경에서 '형제'들을 다 구원받은 사람으로 볼 수 없다는 것이다. 그러나 다음 말씀에서처럼 가라지가 있는 밭은, 교회가 아니라 세상이다. 즉, 주님께서 가라지를 말씀하신 것은, 교회를 염두에 두고 하신 것이 아니라는 것이다.

밭은 세상이요 좋은 씨는 천국의 아들들이요 가라지는 악한 자의 아들들이요 가라지를 뿌린 원수는 마귀요 추수 때는 세상 끝이요 추수꾼은 천사들이니(마 13:38-39).

물론 사도들의 편지 내용을 듣는 회중 중에는, 구원받지 못한 사람도 포함되어 있을 것이다. 그러나 서신서에서 '형제'라 지칭하면서 권면할 때에는 당연히 하나님 나라 백성을 대상으로 하고 있는 것이다. 마치 지금 교회 회중 중에 아직 예수님을 주님으로 모셔 들이지 못한 사람이 있다 하더라도, 목사의 설교 내용은 기본적으로 믿음이 있는 사람을 대상으로 하는 것과 같다.

그러므로 **형제들아** 우리가 빚진 자로되 육신에게 져서 육신대로 살 것이 아니니라 **너희가** 육신대로 살면 반드시 죽을 것이로되 영으로써 몸의 행실을 죽이면 살리니(롬 8:12-13).

위 말씀에서의 '형제'는, 로마서 8:1-2 말씀대로 그리스도 안에서 정죄함이 없고 죄와 사망의 법에서 해방된 사람들이다. 위의 말씀에서 '너희'를 구원받지 못한 사람으로 해석하면, 바로 뒤에 이어지는 '육신대로 살면'이라는 조건이 성립될 수 없다. 왜냐하면 그들은(구원받지 못한 너희) '이미' 현재 육신대로 살고 있기 때문에 '육신대로 살면'이라는 조건에 해당될 수 없다.

율법 안에서 의롭다 함을 얻으려 하는 **너희는** 그리스도에게서 끊어지고 은혜에서 떨어진 자로다(갈 5:4).

너희가 달음질을 잘 하더니 누가 **너희를** 막아 진리를 순종하지 못하게 하더냐(갈 5:7).

위 말씀에서의 '너희' 역시 구원받았던 갈라디아 교인들이다. 이들은 전(前)에는 믿음의 달음질을 잘하며 진리에 순종했던 사람들이다.

오직 각 사람이 시험을 받는 것은 자기 욕심에 끌려 미혹됨이니 욕심이 잉태한즉 죄를 낳고 죄가 장성한즉 사망을 낳느니라 **내 사랑하는 형제들아** 속지 말라(약 1:14-16).

위 말씀에서의 '형제' 역시 당연히 구원받은 형제들이다. 구원받지 못한 사람이라면 '죄가 장성한 후'에 사망에 이르는 것이 아니라, '현재' 사망에 있는 것이다. 그래서 바로 이어지는 16절에서는 이미 구원받은 형제들이 시험과 유혹에 속지 말라고 경고하고 있는 것이다. 만일 이들이 구원받지 못한 사람들이라면 이런 경고에 해당될 수 없는 사람들이다.

한번 빛을 받고 하늘의 은사를 맛보고 성령에 참여한 바 되고 하나님의 선한 말씀과 내세의 능력을 맛보고도 타락한 자들은 다시 새롭게 하여 회개하게 할 수 없나니 이는 그들이 하나님의 아들을 다시 십자가에 못 박아 드러내 놓고 욕되게 함이라(히 6:4-6).

위 말씀에서 '타락'한 자들은 '이미' 구원받은 것을 전제로 하는 것이 자연스러운 해석이 아닌가?[37]

---

[37] "제2장 6. 구원을 확신할 수 있는가 3) 구원의 탈락을 경고하는 다른 구절들"을 참조하라.

우리가 진리를 아는 지식을 받은 후 짐짓 죄를 범한즉 다시 속죄하는 제사가 없고 오직 무서운 마음으로 심판을 기다리는 것과 대적하는 자를 태울 맹렬한 불만 있으리라 모세의 법을 폐한 자도 두세 증인으로 말미암아 불쌍히 여김을 받지 못하고 죽었거든 하물며 하나님의 아들을 짓밟고 자기를 거룩하게 한 언약의 피를 부정한 것으로 여기고 은혜의 성령을 욕되게 하는 자가 당연히 받을 형벌은 얼마나 더 무겁겠느냐 너희는 생각하라(히 10:26-29).

위 말씀에서 '우리'(26절) 역시 거듭난 사람들이다. 왜냐하면 이 말씀 앞의 19절부터 계속되는 문맥에서 '우리'라는 단어가 다음과 같이 3번 나오는데(히 10:19, 22, 23) 이 말씀들이 전부 믿는 형제들을 지칭하고 있기 때문이다.

그러므로 형제들아 **우리가** 예수의 피를 힘입어 성소에 들어갈 담력을 얻었나니 … **우리가** 마음에 뿌림을 받아 악한 양심으로부터 벗어나고 몸은 맑은 물로 씻음을 받았으니 참마음과 온전한 믿음으로 하나님께 나아가자 또 약속하신 이는 미쁘시니 **우리가** 믿는 도리의 소망을 움직이지 말며 굳게 잡고(히 10:19, 22-23).

그리고 C측에서 다음 말씀을 인용하면서, 공동체에서 떨어져 나간 사람들(타락한 자들)은 처음부터 구원받지 않았던 사람이라고 주장한다.

아이들아 지금은 마지막 때라 적그리스도가 오리라는 말을 너희가 들은 것과 같이 지금도 많은 적그리스도가 일어났으니 그러므로 우리가 마지막 때인 줄 아노라 그들이 우리에게서 나갔으나 우리에게 속하지 아니하였나니 만일 우리에게 속하였더라면 우리와 함께 거하였으려니와 **그들이 나간 것은 다 우리에게 속하지 아니함을 나타내려 함이니라**(요일 2:18-19).

그러나 전술한 바와 같이 위 말씀은 '하나님과 예수님을 부인하는' 적그리스도에 해당되는 말씀으로, 우리의 논의와는 상관이 없는 말씀이다. 그렇지만 시중에 통용되고 있는 대부분의 복음적인 주석 성경은, 이런 경고의 대상들을 처음부터 구원받지 못한 사람으로, 잘못 해석하고 있다.[38]

(2) A측에서 구원에서의 탈락을 의미한다고 하는 사망(영적)이, 사실은 육체적인 사망인가?

욕심이 잉태한즉 죄를 낳고 죄가 장성한즉 사망을 낳느니라(약 1:15).

C측에서는, 위 말씀에서의 사망이 영적 사망이 아니라 육체적 사망이라고 주장한다.[39]

이런 해석에 대한 근거 구절로는 사도행전 5장의 아나니아와 삽비라 사건과, 아래의 고린도전서 11장의 합당치 않은 상태로 성찬에 참석해 죽게 된 경우를 들고 있다. 다음 말씀에서 잠자는 것이 죽는 것을 의미하고 있다.

사람이 자기를 살피고 그 후에야 이 떡을 먹고 이 잔을 마실지니 주의 몸을 분별하지 못하고 먹고 마시는 자는 자기의 죄를 먹고 마시는 것이니라 그러므로 너희 중에 약한 자와 병든 자가 많고 **잠자는 자도 적지 아니하니**(고전 11:28-30).

---

[38] 이런 해석의 예는 다음과 같다. 존더반 NIV 스터디 바이블 편찬팀, 『NIV 스터디 바이블』 (서울: 예장, 2008). 크로스웨이 ESV 스터디 바이블 편찬팀, 『ESV 스터디 바이블』 (서울: 부흥과개혁사, 2012). 기독지혜사 편집부, 『톰슨II 성경 주석』 (서울: 기독지혜사, 2009).

[39] 이런 해석의 예는 다음과 같다. 존 맥아더, 『맥아더 성경 주석』 (서울: 아바서원, 2015). 무디 신학교 교수진, 『무디 성경 주석』 (서울: 국제제자훈련원, 2017).

그러나 위의 경우들은 처음 세워지는 교회 공동체의 질서를 위한 특별한 조치로 보인다. 이런 특별한 경우를 '일반화하여' 죄를 지으면 육체적 죽음에 이른다고 해석하는 것은 현실성이 없는 것이다. 장성(長成)한 수준의 죄를 지으면서도 장수(長壽)하는 사람이 얼마든지 있을 수 있다. 이런 인과응보적인 해석은 무리한 해석이다.

욥의 경우를 보면 그 친구들이 인과응보를 들먹이며, 욥의 고난이 죄의 결과라고 주장했다. 그러나 욥기 끝부분에서 하나님은 욥의 친구들의 잘못을 꾸짖으며 그들이 판단이 틀렸음을 지적하고 있다.

시편에서도 악인의 형통함 때문에 의인이 괴로워하는 경우가 얼마나 많은가?

진정한 인과응보는 예수님 재림 시의 심판이다. 그런데 이것을 지금의 현실에 적용하고자 하는 것은, 교리적인 틀(frame)에 말씀을 무리하게 욱여넣으려는 시도처럼 보인다.[40] 따라서 다음 말씀에서의 죽음도 당연히 영적인 죽음 즉 구원에서의 탈락을 의미한다.

너희가 육신대로 살면 반드시 죽을 것이로되 영으로써 몸의 행실을 죽이면 살리니 (롬 8:13).

3) 베드로후서의 흐름

이제 베드로후서 본문을 훑어보면서, 구원의 확신을 강조하고 있는 전통적인 입장과 본문의 가르침이 어떤 차이가 있는지 알아보자.

---

40 필자의 입장에서는 솔직히 C측으로부터 '우선' 다음 7구절에 대한 설득력 있는 해석을 들어 보고 싶다. 그러나 아직 이런 구절들에 대하여, C측으로부터 납득할 수 있는 해석을 들어 보지 못했다(갈 5:4; 롬 8:12-13; 눅 8:12-13; 약 1:12-17; 5:19-20; 요일 5:16; 히 10:26-29).

베드로전서가 고난과 핍박 등 외부적인 문제를 주로 다루고 있는 반면, 베드로후서는 거짓 교사 등 교회의 내부적인 문제를 주로 다루고 있다.

예수 그리스도의 종이며 사도인 시몬 베드로는 우리 하나님과 구주 예수 그리스도의 의를 힘입어 **동일하게 보배로운 믿음을** 우리와 함께 받은 자들에게 편지하노니 하나님과 우리 주 예수를 앎으로 은혜와 평강이 **너희에게** 더욱 많을지어다(벧후 1:1-2).

위 말씀에서 베드로는 서신의 발신인인 '우리'(베드로를 포함한 동역자들)가 수신인인 '너희'(베드로와 동일한 믿음을 받은)에게 이 편지를 쓰고 있음을 서두에 밝히고 있다. 그리고 다음 말씀처럼 서신의 끝부분에서는 거룩한 삶을 살도록 당부하고 있다.

¹¹이 모든 것이 이렇게 풀어지리니 너희가 어떠한 사람이 되어야 마땅하냐 거룩한 행실과 경건함으로 ¹²하나님의 날이 임하기를 바라보고 간절히 사모하라 그 날에 하늘이 불에 타서 풀어지고 물질이 뜨거운 불에 녹아지려니와 ¹³우리는 그의 약속대로 의가 있는 곳인 새 하늘과 새 땅을 바라보도다 ¹⁴그러므로 사랑하는 자들아 너희가 이것을 바라보나니 주 앞에서 점도 없고 흠도 없이 평강 가운데서 나타나기를 힘쓰라 ¹⁵또 우리 주의 오래 참으심이 구원이 될 줄로 여기라 우리가 사랑하는 형제 바울도 그 받은 지혜대로 너희에게 이같이 썼고 ¹⁶또 그 모든 편지에도 이런 일에 관하여 말하였으되 그 중에 알기 어려운 것이 더러 있으니 무식한 자들과 굳세지 못한 자들이 다른 성경과 같이 그것도 억지로 풀다가 스스로 멸망에 이르느니라 ¹⁷그러므로 사랑하는 자들아 너희가 이것을 미리 알았은즉 무법한 자들의 미혹에 이끌려 **너희가 굳센 데서 떨어질까 삼가라** ¹⁸오직 우리 주 곧 구주 예수 그리스도의 은혜와 그를 아는 지식에서 자라 가라 영광이 이제와 영원한 날까지 그에게 있을지어다 (벧후 3:11-18).

위 말씀에서 관찰되는 몇 가지는 다음과 같다.

첫째, 주님의 오래 참으심으로 구원받는 줄 알고 거룩한 삶을 살라.
둘째, 성경을 잘못 해석하다가는 멸망에 이를 수 있다.
셋째, 미혹에 이끌려 굳센 데(자기의 확신, 새번역)서 떨어지지 않도록 조심하라.
넷째, 이를 위해서 은혜와 지식(2절의 "주 예수를 앎으로"와 수미상관)에서 자라가라.

그렇다면 아래 구절에서의 '너희'는 누구를 지칭하는가?

주의 약속은 어떤 이들이 더디다고 생각하는 것 같이 더딘 것이 아니라 오직 주께서는 **너희를 대하여 오래 참으사** 아무도 멸망하지 아니하고 **다 회개하기에 이르기를** 원하시느니라 (벧후 3:9).

위 말씀에서의 '너희'를, 다음 말씀처럼 일반적인 모든 사람으로 생각하기가 쉽다.

하나님은 모든 사람이 구원을 받으며 진리를 아는 데에 이르기를 원하시느니라 (딤전 2:4).

그러나 교회에 보내는 이 서신에서의 '너희'는 처음부터 끝까지 구원받은 형제들을 지칭하고 있다. 이 구절과 15절에서 주님의 오래 참음으로 구원에 이른다는 말씀도, 구원받은 형제를 대상으로 하고 있는 말씀이다. 그리고 위 구절에서의 '회개'는 처음 복음을 받아들일 때의 단회적인 회개가 아니라, 구원을 이루어 가는 과정에서 필요한 회개를 의미한다. 즉, 날마다 자신을 부인하며 (눅 9:23) 주님의 뜻을 좇는 (마 6:33) 삶을 뜻하는 것이다.

다음 구절의 회개가 그런 의미이다.

무릇 내가 사랑하는 자를 책망하여 징계하노니 그러므로 네가 열심을 내라 회개하라 (계 3:19).

그렇다면 베드로의 권면이 분명해진다. 구원받은 형제들이 구원에서 떨어져 나가(벧후 3:17) 멸망할 수 있으므로(벧후 3:9, 17) 주님의 오래 참으심을 시험하지 말고 거룩한 삶에 힘쓰라는 것이다. 이런 이해를 바탕으로 이 서신의 앞부분을 살펴보자.

⁵그러므로 너희가 더욱 힘써 너희 믿음에 덕을, 덕에 지식을, ⁶지식에 절제를, 절제에 인내를, 인내에 경건을, ⁷경건에 형제 우애를, 형제 우애에 사랑을 더하라 ⁸이런 것이 너희에게 있어 흡족한즉 너희로 우리 주 예수 그리스도를 알기에 게으르지 않고 열매 없는 자가 되지 않게 하려니와 ⁹이런 것이 없는 자는 맹인이라 멀리 보지 못하고 **그의 옛 죄가 깨끗하게 된 것을 잊었느니라** ¹⁰그러므로 형제들아 더욱 힘써 너희 부르심과 택하심을 굳게 하라 너희가 **이것을 행한즉 언제든지 실족하지 아니하리라** ¹¹이같이 하면 우리 주 곧 구주 예수 그리스도의 **영원한 나라에 들어감을 넉넉히 너희에게 주시리라**(벧후 1:5-11).

위 말씀에서 거룩한 삶에 힘쓰지 않고 주님 알기에 게으른 사람은, 죄를 용서받은 사실을 잊어버린다는 것이다(9절).

그렇다면 과연 구원받은 사람이, 자기 죄가 보혈의 공로로 깨끗하게 되었다는 것을 잊어버릴 수 있는가?
이것이 가능한 일인가?
딱 한 가지 경우에만 가능하다!
구원에서 떨어진 사람의 경우다!

이어지는 10절 말씀에서는 경건에 힘쓰지 않으면 실족(失足) 즉 구원을 잃어버린다는 것이다. 이어지는 11절 말씀에서도 경건에 힘쓰지 않으면, 영원한 하나님 나라에 들어가는 것이 어려울 수 있다는 것이다. 이런 이해를 바탕으로 다음 베드로후서 2장 말씀을 살펴보자.

> 그러나 백성 가운데 또한 거짓 선지자들이 일어났었나니 이와 같이 너희 중에도 거짓 선생들이 있으리라 그들은 멸망하게 할 이단을 가만히 끌어들여 **자기들을 사신 주를 부인하고**(그들은 자기들을 값 주고 사신 주님을 부인하고, 새번역) 임박한 멸망을 스스로 취하는 자들이라(벧후 2:1).

위 말씀에서의 거짓 선지자와 거짓 선생들은, 주님의 구속(救贖)으로 구원을 얻었던 자들인데 이제는 이런 주님을 부인하고 구원에서 떨어져 나간 자들이다.

이들은 다음 말씀처럼 처음에는 '바른 길'(구원의 길)에 있었으나 그 길을 '떠난' 자들이다.

> 그들이 바른 길을 떠나 미혹되어 브올의 아들 발람의 길을 따르는도다 그는 불의의 삯을 사랑하다가(벧후 2:15).

그리고 이들은 다음 말씀처럼, 주님을 부인한 후의 모습이 처음 주님을 모르고 살 때보다 더 비참하다는 것이다.

> 만일 그들이 우리 주 되신 구주 예수 그리스도를 앎으로 **세상의 더러움을 피한 후에 다시 그 중에 얽매이고 지면 그 나중 형편이 처음보다 더 심하리니** 의의 도를 안 후에 받은 거룩한 명령을 저버리는 것보다 알지 못하는 것이 도리어 그들에게 나으니라 참된 속담에 이르기를 개가 그 토하였던 것에 돌아가고 돼지가 씻었다가 더러운 구덩이에 도로 누웠다 하는 말이 그들에게 응하였도다(벧후 2:20-22).

이상 베드로후서를 전체적으로 살펴보았는데, 이 하나의 서신에서만도 구원의 탈락을 경고하고 있는 구절들이 상당히 많음을 알 수 있다. 이처럼 성경을 문맥을 좇아 전체의 흐름을 보는 것이 중요하다.[41]

4. 7가지 답변의 요약

본 항목에서는 앞서 설명한 내용을 중심으로, 7가지 질문에 대한 각각의 답변을 요약해 서술했다.

첫째, 한번 구원은 영원한가?

우리에게 약속하신 구원이 영원한 것이지만, 하나님의 통치 안에 머물러 있어야 하는 우리의 반응이 요구된다.

둘째, 구원은 이미 받은 것인가?

---

41 문맥으로 이해해야 하는 예 중의 하나는 아래 마태복음 18:15-20이다. 이 본문의 관주 성경에서의 소제목은 "형제가 죄를 범하거든"이다.
"네 형제가 죄를 범하거든 가서 너와 그 사람과만 상대하여 권고하라 만일 들으면 네가 네 형제를 얻은 것이요 만일 듣지 않거든 한두 사람을 데리고 가서 두세 증인의 입으로 말마다 확증하게 하라 만일 그들의 말도 듣지 않거든 교회에 말하고 교회의 말도 듣지 않거든 이방인과 세리와 같이 여기라 진실로 너희에게 이르노니 무엇이든지 너희가 땅에서 매면 하늘에서도 매일 것이요 무엇이든지 땅에서 풀면 하늘에서도 풀리리라 진실로 다시 너희에게 이르노니 너희 중의 두 사람이 땅에서 합심하여 무엇이든지 구하면 하늘에 계신 내 아버지께서 그들을 위하여 이루게 하시리라 두세 사람이 내 이름으로 모인 곳에는 나도 그들 중에 있느니라"(마 18:15-20).
위 말씀은 교회 내에서 어떤 형제가 죄를 범하게 되는 경우, 교회 공동체 내의 책임 있는 두세 사람에 의하여 그를 정죄하거나 용서할 수 있다는 것이다(원래 유대인 공동체에서는 이런 결정을 하기 위하여 성인 남자 열 명이 필요했다). 그래서 20절 말씀은, 이런 두세 사람의 공동체적인 결정에 주님께서 함께하셔서 그 결정을 인정해 주시겠다는 것이다. 그런데 20절 말씀을 문맥에서 따로 떼어 내어, 두세 사람이 있는 곳에 주님께서 함께 계신다고 해석하는 것은 문맥을 무시한 무리한 해석이다. 주님은 두세 사람이 있는 곳뿐 아니라 혼자 있는 곳에도 또한 네 명, 다섯 명의 사람이 있는 곳 등 어느 곳에도 계신다. 19절 말씀 역시 문맥에서 따로 떼어 내어, 합심 기도의 효력 등으로 해석하는 것은 맞지 않는 해석이다. 이 말씀도 책임 있는 공동체 내의 두세 사람의 의합된 결정에 하나님이 함께하시겠다는 것이다.

우리는 이미 구원을 얻었지만, 아직 그 구원이 완성되지 않았다. 우리는 구원을 이루어 가고 있는 중이다. 즉, 우리는 이미 출애굽했지만, 아직 가나안 땅을 바라보면서, 현재 광야의 길을 걷고 있는 중이다.

셋째, 구원은 소유인가?

구원이란, 우리가 하나님 나라 백성으로서 하나님과 인격적인 관계를 맺고 그것을 유지하는 것이다. 구원이란 천국행 티켓과 같은 소유의 개념이 아니다. 소유는 고정적(固定的)인 것에 비해, 관계는 상호적이고 유동적(流動的)인 것이다.

넷째, 오직 은혜인가?

우리의 구원은 전적으로 하나님의 은혜에 의한 것이다. 그러나 동시에 우리에게는 그에 반응해야 할 책임과 역할이 있다. 여기에 인간을 하나님의 형상으로 창조했다는 의미가 내포되어 있다.

다섯째, 오직 믿음인가?

구원은 믿음으로 받으나, 동시에 행함이 요구된다. 행함은 믿음의 표현이다. 따라서 믿음과 행함은 구별되지만 분리되지 않는다.

여섯째, 구원을 확신할 수 있는가?

우리는 구원을 확신하면서, 동시에 소망 가운데 그 구원을 두렵고 떨림으로 이루어 가야 한다.

일곱째, 상급이 있는가?

구원이 곧 우리의 상급이다. 예수가 우리 상급의 전부이다. 상(賞)에 대한 여러 말씀들은 구원을 설명하는 다양한 표현이다.

이상의 답변이 어느 정도 이해가 되고 동의가 되는 독자의 경우에는 곧바로 끝에 있는 '닫는 글'을 읽어도 좋을 것이다. 그리고 "5. 오직 믿음인가"에 포함된 "새 창조"는 비교적 새로운 내용이며 이해하는데도 다소 어려움이 있을 수 있으므로, 이 내용을 건너뛰거나 맨 나중에 읽어도 이 글을 이해하는 데 문제가 없을 것이다.

제2장

자세한 답변

1. 한번 구원은 영원한가?

지금도 잊을 수 없다. 40년 전 명동 어느 까페에서 직장 선배로부터 복음을 들었다. 내가 주님을 영접하자, 구원을 받았다는 것이다. 앞으로 무슨 일이 있더라도 그것에 상관없이, 구원이 보장된다는 것이다.

지금 받은 구원이 영원하다는 것이다!
세상이 달리 보였다!
그런데 과연 그런가?

한번 구원이 영원한지 여부에 대한 논쟁은 기독교 역사상 지금까지 끊이지 않고 있다. 이런 논쟁이 쉽게 종식되지 않는 이유는 성경에는 양측 주장을 뒷받침해 주는 것으로 보이는 근거 말씀들이 다 있기 때문이다. 이처럼 성경에는 논리적으로 서로 충돌하는 듯한 말씀들이 공존한다.
그렇다면 이렇게 상충되는 듯한 말씀들을 어떻게 이해해야 하는가?
대표적인 다음 3가지 사례를 우선 살펴보자.

첫째, 하나님의 주권 vs 인간의 책임
둘째, 하나님의 기대 vs 하나님의 예정
셋째, 구원의 안전 vs 구원의 탈락

1) 하나님의 주권 vs 인간의 책임

앞서 살펴본 것처럼 성경에서 가장 이해하기 어려운 것 중의 하나는 다음과 같이 두 사상이 충돌하는 것같이 보이는 것이다.

첫째, 에베소서 1:4-5에서는 하나님이 창세전에 하나님의 뜻대로 하나님의 자녀를 택(선택)하고 예정하셨다고 말씀하신다.
둘째, 그러나 이와는 달리 요한복음 1:12, 3:16을 비롯한 많은 말씀에서는, 인간이 스스로 하나님을 믿어야 구원받을 수 있다고 한다.

이처럼 성경은 하나님의 선택과 인간의 의지적인 반응(자유 의지)을 동시에 말씀하고 있다. 우리의 논리로는 이 상반되어 보이는 두 가지 내용을 함께 이해하기가 어렵다.

만일 하나님이 그의 자녀를 미리 선택했다면, 인간이 선택할 여지가 없는 것이 아닌가?
만일 하나님이 택한 사람이라면, 언젠가 믿게 될 것 아닌가?
이와 반대로 하나님이 택하지 않은 사람은 아무리 하나님을 믿으려 해도 믿을 수 없는 것이 아닌가?

교회사적으로 보면, 하나님의 선택과 주권을 강조하는 것이 칼빈주의(이하 C)이며, 인간의 선택과 자유 의지를 강조하는 것이 아르미니안주의(이하 A)이다.
기도에 있어서도, 하나님이 우리의 기도 내용을 이미 아신다는 말씀(마 6:8, C)과, 이와 반대로 우리가 기도해야 한다는 말씀(요 16:24, A)이 공존하고 있다.

C. S. 루이스는 그의 명저인 『순전한 기독교』에서 다음 구절을 인용하면서, 12절은 인간의 책임을 나타내고(A), 13절은 하나님의 주권을 표현하고(C) 있으며, 성경은 이 둘을 동시에 말씀하고 있다고 주장했다.

> [12]그러므로 나의 사랑하는 자들아 너희가 나 있을 때뿐 아니라 더욱 지금 나 없을 때에도 항상 복종하여 두렵고 떨림으로 너희 구원을 이루라[A] [13]너희 안에서 행하시는 이는 하나님이시니 자기의 기쁘신 뜻을 위하여 너희에게 소원을 두고 행하게 하시나니[C](빌 2:12-13).

다음 구절에서도 그 전반부는 C(하나님의 주권)를, 후반부는 A(인간의 책임)를 나타내고 있다. 이처럼 한 구절 내에서도 서로 상반되어 보이는 사상을 동시에 말씀하고 있다.

> 인자는 이미 작정된 대로 가거니와[C] 그를 파는 그 사람에게는 화가 있으리로다 하시니[A](눅 22:22).

위 구절의 전반부는, 예수님이 이미 작정된 '하나님의 뜻대로' 죽는다는 것이다. 그런데 후반부에서는, '이런 하나님의 뜻이 이루어지도록 한 유다'는 그의 죄로 말미암아 화가 있다는 것이다. 서로 충돌하는 듯한 사상이 한 구절 안에 공존하고 있다. 우리의 논리로 이해하기가 어렵다.

다음 로마서의 경우에도 2장은 인간의 책임을 말씀하고(A) 있는 반면, 3장 후반부에서는 2장과 상반되어 보이는 하나님의 주권과 은혜를 말씀하고 있다(C).

> 하나님께서 각 사람에게 그 행한 대로 보응하시되 참고 선을 행하여 영광과 존귀와 썩지 아니함을 구하는 자에게는 영생으로 하시고 … 선을 행하는 각 사람에게는 영광과 존귀와 평강이 있으리니 먼저는 유대인에게요 그리고 헬라인에게라 … 하나님

앞에서는 율법을 듣는 자가 의인이 아니요 오직 율법을 행하는 자라야 의롭다 하심을 얻으리니(롬 2:6-7, 10, 13).

이제는 율법 외에 하나님의 한 의가 나타났으니 율법과 선지자들에게 증거를 받은 것이라 곧 예수 그리스도를 믿음으로 말미암아 모든 믿는 자에게 미치는 하나님의 의니 차별이 없느니라 모든 사람이 죄를 범하였으매 하나님의 영광에 이르지 못하더니 그리스도 예수 안에 있는 속량으로 말미암아 하나님의 은혜로 값 없이 의롭다 하심을 얻은 자 되었느니라(롬 3:21-24).

그래서 전통적으로 로마서 2장의 말씀은 실제적인 말씀이 아니라 가설적인 가능성을 제시하는 것으로 이해해 왔다. 그래서 결국 그 가설적인 가능성을 반박한 후 로마서 3장의 이신칭의를 설명하려고 하는 것이 바울의 논증 방식이라고 여겨 왔다. 이에 따라 로마서 2장 말씀을, 3장의 도입부 정도로 취급해 간과하기가 쉬웠다.

그러나 2장의 말씀은, 말씀 그대로 A의 관점으로 받아들여져야 한다. 그리고 3장의 말씀 역시, 말씀 그대로 C의 관점으로 받아들여야 한다.[1]

그런데 우리는 이렇게 충돌하는 듯한 두 말씀을 우리의 논리로 무리하게 도식화(圖式化)하거나 종합하려 하면 안 된다. 왜냐하면 우리의 논리를 뛰어넘는 하나님의 지혜가 그 안에 담겨 있기 때문이다.

---

[1] 그러나 다른 한편, 로마서 3장을 '하나님의 주권'이 아닌 '인간의 책임'이라 할 수 있는 '믿음'의 측면에서 보면, 로마서 3장의 믿음은 로마서 2장의 행함과 본질적으로 같은 것으로 볼 수 있다. 이 글의 "제2장 4. 오직 은혜인가"를 참조하라.

추가 설명 2. 하나님의 주권 vs 인간의 책임에 관한 구절

다음 구절의 전반부는 C(하나님의 주권)를, 후반부는 A(인간의 책임)를 각각 보여 주고 있다.

> 그가 하나님께서 정하신 뜻과 미리 아신 대로 내준 바 되었거늘[C] 너희가 법 없는 자들의 손을 빌려 못 박아 죽였으나[A](행 2:23).

다음 말씀 역시 앞뒤 구절이 서로 상반되어 보이는 내용을 담고 있는 예이다. 46절에서는 복음을 거절해 영생을 얻지 못한 책임이 인간에게 있고(A), 이에 반하여 48절에서는 영생을 얻는 것이 하나님의 작정에 의한 주권적인 일임을(C) 보여 주고 있다.

> 바울과 바나바가 담대히 말하여 이르되 하나님의 말씀을 마땅히 먼저 너희에게 전할 것이로되 너희가 그것을 버리고 영생을 얻기에 합당하지 않은 자로 자처하기로[A] 우리가 이방인에게로 향하노라 … 이방인들이 듣고 기뻐하여 하나님의 말씀을 찬송하며 영생을 주시기로 작정된 자는 다 믿더라[C](행 13:46, 48).

다음 구절에서는, 하나님의 서로 다른 뜻 두 가지를 보여 주고 있다.

> 나를 보내신 이의 뜻은 내게 주신 자 중에 내가 하나도 잃어버리지 아니하고[C] 마지막 날에 다시 살리는 이것이니라 내 아버지의 뜻은 아들을 보고 믿는 자마다 영생을 얻는 이것이니[A] 마지막 날에 내가 이를 다시 살리리라 하시니라(요 6:39-40).

위 말씀에서 하나님의 뜻은, 39절에서는 하나님이 택한 자를 끝까지 보호하여 구원을 얻게 한다는 것이다(C). 이에 비해 40절에서의 하나님 뜻은, 스스로 아들을 믿는 자가 영생을 얻는다는 것이다(A).

다음 말씀에서는 특별히 6절의 '그러므로'가 문맥상 어떤 의미인지 주의 깊게 살펴보자.

⁴형제들아 너희는 어둠에 있지 아니하매 그 날이 도둑 같이 너희에게 임하지 못하리니 ⁵너희는 다 빛의 아들이요 낮의 아들이라 우리가 밤이나 어둠에 속하지 아니하나니 ⁶그러므로 우리는 다른 이들과 같이 자지 말고 오직 깨어 정신을 차릴지라 ⁷자는 자들은 밤에 자고 취하는 자들은 밤에 취하되 ⁸우리는 낮에 속하였으니[C] 정신을 차리고[A] 믿음과 사랑의 호심경을 붙이고 구원의 소망의 투구를 쓰자(살전 5:4-8).

위 말씀에서, 우리는 구원받은 빛의 아들이므로 종말이 우리에게는 도둑같이 오지 않는다고 약속했다. 그렇다면 6절에서 "**그러므로** 자지 말고 깨어 정신을 차리라"는 말씀은 논리적으로 맞지 않는다. 이미 구원받은 빛의 아들이라면 "**그러므로** 잠을 편히 자도 괜찮다"고 하거나, 또는 빛의 아들이라 하더라도 "**그러나** 깨어 있어라"고 해야 논리적으로 맞다고 볼 수 있다.

위 말씀에서 5절까지는 하나님의 주권과 은혜를(C), 6절부터는 정반대의 사상인 인간의 책임(A)을 강조하면서 '그러므로'로 시작하고 있다.

여기에서의 '그러므로'는 하나님의 선택(C)과 함께 인간의 책임(A)이 **동시에** 필요함을 나타내고 있다. 8절 말씀 역시 동일한 의미로, 우리가 '낮에 속하였으므로'(C) 정신을 차리라는(A) 것이다. 하나님의 '택하신 백성이지만' 깨어 있는 것이 아니라, '택하신 백성이므로' 깨어 있어야 한다는 것이다.

이처럼 하나님의 택하심이(C) 있다고 하여 우리의 책임이(A) 면제되는 것이 아니다. 하나님의 택하신 백성은 깨어 있어야 한다. 이것이 구원의 신비이다. 택하신 백성이라고 자동적으로 구원이 이루어지는 것이 아니라는 것이다.

2) 하나님의 기대 vs 하나님의 예정

이 문단의 제목이 무엇을 뜻하는지 얼른 감을 잡기 어려울 수 있다. 우선 서로 충돌하는 듯한 다음 두 구절을 살펴보자.

하나님은 모든 사람이 구원을 받으며 진리를 아는 데에 이르기를 원하시느니라(딤전 2:4).

또한 우리를 부당하고 악한 사람들에게서 건지시옵소서 하라 **믿음은 모든 사람의 것이 아니니라**(살후 3:2).

위의 처음 구절에는, 하나님이 모든 사람이 구원받기를 원하신다고 하는 인간을 향한 '하나님의 기대'가 담겨 있다. 모든 사람에게 구원의 기회가 열려 있다는 것이다. 이것이 하나님이 인간을 심판할 수 있는 근거가 된다. 이 구절이 인간의 가능성과 인간의 반응을 담고 있다는 의미에서는, 아르미안주의적(A) 요소를 담고 있는 말씀이라고 볼 수 있을 것이다.

이에 비해 그 다음 구절인 데살로니가후서 3:2는, 모든 사람이 구원을 받는 것이 아니며, 다만 하나님이 택하여 믿음을 가진 사람만 구원을 받을 수 있다는 것이다. 따라서 '하나님의 예정'을 나타내는 듯한 이 말씀은, 칼빈주의적(C) 요소를 담고 있는 말씀이라 할 수 있다. 이렇게 상충되어 보이는 두 말씀을 우리의 논리로 이해하기는 어렵다.

예수님의 죽으심에 대하여도 생각해 보자. 예수님이 이 땅에 오신 것은 인간을 구원하고자 '죽기 위하여' 온 것으로 일반적으로 이해하고 있다. 그러나 다음 말씀을 보면, 이 땅의 주(主)로서 왕으로서의 대접을 '기대'하고 오셨다.

자기 땅에 오매 자기 백성이 영접하지 아니하였으나 영접하는 자 곧 그 이름을 믿는 자들에게는 하나님의 자녀가 되는 권세를 주셨으니(요 1:11-12).

그런데 사람들이 그분을 죽였다. 그래서 사도행전에서 사도들은, 하나님을 거역하고 예수님을 죽인 백성들을 반복하여 책망했다.

그런즉 이스라엘 온 집은 확실히 알지니 너희가 십자가에 못 박은 이 예수를 하나님이 주와 그리스도가 되게 하셨느니라 하니라(행 2:36).

그가 하나님께서 정하신 뜻과 미리 아신 대로 내준 바 되었거늘 너희가 법 없는 자들의 손을 빌려 못 박아 죽였으나(행 2:23).

다음 말씀에서는, 포도원 주인의 농부들에 대한 기대가 나온다. 그런데 농부들은 주인의 기대를 저버리고 상속자인 아들을 죽여 버린다. 다음 비유는 하나님의 상속자인 예수님에 대한 말씀이다.

후에 자기 아들을 보내며 이르되 그들이 내 아들은 존대하리라 하였더니 농부들이 그 아들을 보고 서로 말하되 이는 상속자니 자 죽이고 그의 유산을 차지하자 하고 이에 잡아 포도원 밖에 내쫓아 죽였느니라(마 21:37-39).

이처럼 인간에 대한 기대가 있음에도 불구하고, 다른 한편으로는 이런 기대와는 달리 예수님의 죽음이 작정(예정)되었고 그의 죽음이 예고되었다(사 53장).
다음 두 말씀에서도 그 전반부는 하나님의 예정과 예지(豫知)를, 후반부는 하나님의 기대를 각각 나타내고 있다.

그가 하나님께서 정하신 뜻과 미리 아신 대로 내준 바 되었거늘[하나님의 예정과 예지] 너희가 법 없는 자들의 손을 빌려 못 박아 죽였으나[하나님은 죽이지 않기를 기대함](행 2:23).

인자는 이미 작정된 대로 가거니와[하나님의 예정과 예지] 그를 파는 그 사람에게는 화가 있으리로다 하시니[하나님은 팔지 않기를 기대함](눅 22:22).

이런 관점으로 선악과의 범죄도 생각해 보자. 하나님은, 아담과 하와가 범죄하지 않을 것에 대한 기대가 있었다. 그리고 아담과 하와는 이런 하나님의 기대에 능히 부응할 수 있었다. 그러나 아담과 하와가 그런 하나님의 기대를 저버린 것이다.

만일 아담과 하와가 선악과를 따 먹지 않았다면 인류는 어떻게 되었을까?

하나님은 아담과 하와에 대한 '기대'가 있었음에도 불구하고, 다른 한편으로는 인간의 타락을 예견하고 창세전에 이미 그리스도 안에서 인간을 새 창조하려고 '예정'하셨다(엡 1:4-5).

이처럼 하나님이 인간에 대한 기대를 갖고 있으면서 **동시에** 인간의 거역에 대한 대안을 미리 마련하는 것은, 우리가 이해하기 어려운 신비이다.

3) 구원의 안전 vs 구원의 탈락

기독교 2천 년 역사상 많은 교리적 논쟁이 있어 왔는데, 그중의 하나가 구원론에 대한 것이다. 일반적으로 하나님의 주권을 강조하는 칼빈주의자들은 '한번 구원은 영원하다'(C)고 주장한다. 이에 반해 인간의 책임을 강조하는 아르미니안주의자들은 '구원은 일생동안 이루어 가는 과정이다'(A)라고 주장하여 왔다.

그러나 필자의 논지는 앞의 '개략적 답변'에서 밝혔듯이, C의 주장은 성경적으로 그 근거가 빈약하며, A의 주장이 성경적이라는 것이다.

그렇지만 C와 A의 주장이 성경적으로 **공존**하고 있다는 주장도 있다.[2]

---

[2] "추가 설명 3. 구원의 안전 vs 구원의 탈락"을 참조하라.

C와 A의 공존을 주장하는 측에서는 C와 A의 말씀의 대상이 각각 다르다는 것이다. 즉, 구원의 안전에 대한 말씀은(C) 자신들의 구원에 대해 불안해 하는 성도들에게 용기를 주기 위함이고, 탈락의 가능성에 대한 말씀은(A) 자신이 영적 위험에 처해 있는데도 그 위험을 자각하지 못하고 있는 사람들에게 경각심을 주기 위함이라는 것이다.

그렇다고 하더라도 영적 위험이라는 것이, 결국 구원에서 끊어지는 것이 아니라면 무엇이겠는가?

상급의 차이라고 설명하는 것은 합당하지 않다.

어쨌든 최근에는 C만 옳다는 주장은, 차츰 그 목소리가 줄어드는 추세인 것 같다.[3]

하나님 나라의 이치

이상 3가지 예를 살펴보았듯이, 성경에는 이율배반적으로 보이는 서술이 공존한다(특히, C와 A의 충돌). 이것이 우리의 이성의 한계를 넘는 하나님의 지혜이다. 그런데 우리가 오해하기 쉬운 것 중의 하나는, 질서의 하나님이라면 논리적(우리가 이해할 수 있는)이어야 한다고 생각하는 것이다.

---

[3] 필자 부부는 오래전부터 『매일 성경』(성서유니온에서 출판하는 묵상 교재)의 본문 순서를 좇아 아침 묵상(Quiet Time)을 하고 있다. 그러던 중 어느 날(2020. 6. 15)의 묵상 본문이 고린도전서 9:24-10:13이었다. 그런데 묵상 본문 중 9장은 바울의 개인적인 이야기(일꾼으로서의 특권, 자비량 선교, 여러 모양으로 사람을 대함, 달리기 경주 등)이며, 고린도전서 10:1-13은 광야를 여행하는 이스라엘 백성에 대한 내용이다. 이처럼 서로 다른 이야기인 9장과 10장 내용을 함께 묶어서 묵상 본문으로 정한 것이 처음에는 얼른 이해가 안 되었다. 그러나 문맥을 자세히 보니 이렇게 묵상 본문을 정한 편집자의 의도를 이해할 수 있었다.
앞서 살펴본 대로 고린도전서 10:1-13 내용은 출애굽을 한(구원받은) 이스라엘 백성이 광야에서 멸망당하는(구원에서 탈락) 이야기이다. 그리고 이 본문 앞에 있는 구절은, 바울이 자신을 쳐서 복종시켜서 자신이 버림을 당하지(구원에서 탈락) 않도록 하겠다는 내용이다. 결국, 고린도전서 9장 끝과 10장 처음이 다 구원에서의 탈락을 경고하고 있는 동일한 주제이므로 이를 함께 묶어서 묵상하도록 묵상 본문을 정한 것이다.

그러나 우리의 이성의 한계를 넘는 하나님의 논리는, 비(非)논리가 아니라 초(超)논리라 할 수 있다. 이런 이해의 한계 때문에 믿음이 중요한 것이다.

이처럼 하나님 나라의 이치를 온전히 이해하는 것이, 현재 우리에게 주어진 시공간의 제약하에서는 쉽지 않다. 그래서 예수님도 다양한 비유를 사용하면서 천국(하나님 나라)을 여러 모양으로 설명하셨다. 복합적이고 다중적인 하나님 나라를 이해하기 위해서는, 논리적이고 조직적인 헬라 관점과 함께 통합적이고 복합적인 히브리적인 관점을 함께 갖는 것이 도움이 될 수 있다.[4]

추가 설명 3. 구원의 안전 vs 구원의 탈락

김세윤은 『칭의와 성화』에서 다음과 같이 말한다.

표면적으로 보면 논리적 모순이 있습니다. 이렇게 성경에는 표면적으로, 논리적으로 서로 모순되는 가르침들이 여럿 있습니다. 이런 때 이 둘 사이의 논리적 긴장을 해소하기 위해 그중 어느 하나만을 택하고 다른 하나를 약화시켜서는 안 됩니다. 아르미니안주의식으로 예정과 성도의 견인의 교리를 약화시켜서도 안 되고, 칼빈주의식으로 타락의 가능성을 사실상 부인해도 안 됩니다(『칭의와 성화』, 270).

양용의는 『히브리서 어떻게 읽을 것인가?』에서 다음과 같이 말한다.

성경에 이처럼 충돌되는 듯한 두 가지 가르침이 공존하는 것은 그리스도인의 구원에 두 가지 가르침이 모두 필요하기 때문일 것이다.

---

4   "추가 설명 4. 헬라적 관점과 히브리적 관점"을 참조하라.

하지만 이런 충돌을 어떻게 설명할 것인가?

그 설명은 아마도 두 종류의 가르침 대상의 상이한 상황에서 발견될 수 있을 것이다.

구원의 안전성을 보증하는 가르침은 아마도 자신들의 구원에 불안을 느끼는 성도들에게 용기를 주기 위해 주어졌을 것이다. 그에 반해 배교의 위험을 경고하는 가르침은 자신들이 영적 위험에 직면해 있는데도 그 위험을 자각하지 못하는 자들에게 경각심을 불러일으키기 위해 주어졌을 것이다. 왜냐하면 그 위험한 상태는 자칫 배교로 귀결될 수 있기 때문이다(『히브리서 어떻게 읽을 것인가?』, 151).

이진섭은 『빌립보서 성경문맥주석』에서 다음과 같이 말한다.

하지만 더 무서운 것은 이런 대결의 상황에서 예수에 대한 고백을 철회함으로 참 구원의 자리에 이르지 못하는 두려움이다. 예수를 버리고 잠시 안전해질 수는 있지만, 참 구원을 이루지 못하는 상황이 펼쳐질 수 있다(빌 2:12).

따라서 빌립보 교회는 예수를 주로 고백하고 그에게 복종하는 일을 진정한 두려움과 떨림으로 감당해야 한다. 두렵고 떨림으로 자신들의 구원을 진정으로 이루어 가야 한다.

바울은 이 사실을 두 가지 점을 함께 설명하며 제시한다. 하나는 하나님의 의도와 활동하심이고, 또 다른 하나는 사람의 소원과 행함이다. 이 두 가지 방향은 언뜻 보면 서로 충돌하거나 모순처럼 보이지만, 바울에게는 온전하게 통합되어 하나로 제시된다(빌 2:13, 『빌립보서 성경문맥주석』, 201).

조병수는 『고린도전서 어떻게 읽을 것인가?』에서 다음과 같이 말한다.

그러면 바울이 경주와 격투에서 자신의 몸을 쳐서 복종시키는 목적은 무엇인가?

바로 "내가 남에게 전파한 후에 자신이 도리어 버림을 당할까 두려워"(고전 9:27b) 하는 것이었다. 바울이 얼마나 자신의 삶을 조심스럽게 이끌어 갔는지를 잘 보여 준다. 그의 인생의 목적이 '남에게 복음을 전파하는 것'이기는 하지만, 그렇다고 해서 자신의 구원 문제를 소홀히 할 수는 없었던 것이다. 다른 사람에게 복음을 전하는 것과 자신의 복음을 지키는 것은 별개의 문제다.

아무리 다른 사람에게 복음을 잘 전해도 자신은 '버림을 당하는 자'가 될 수 있다는 것이다. 바울은 이런 모형론을 제시하기 위해 구약 이스라엘 역사에서 출애굽 사건을 선택한다. 그리고 출애굽 사건에서 다시 세례적 은혜(구름과 바다)와 성찬식의 은혜(식물과 음료)를 선택한다. 그런데 세례적 은혜에는 모세가 관련되고(고전 10:2), 성찬적 은혜에는 그리스도가 관련된다(고전 10:4). 놀라운 것은 이스라엘 백성이 이렇게 엄청난 이중의 은혜를 체험했음에도 실족하고 말았다는 사실이다. 이런 설명으로 바울은 앞에서 언급한 "도리어 버림을 당할까"(고전 9:27)를 계속 설명한다. 자기를 쳐서 복종시키지 못할 때 도리어 버림당하는 자가 될 수 있다는 예를 이스라엘 백성에게서 찾고 있다. 이스라엘 백성은 출애굽을 통해 훌륭한 시작을 했지만, 출애굽 후에 자기 다스림에 실패하여 결국 넘어지고 말았다(『고린도전서 어떻게 읽을 것인가?』, 229 이하).

최갑종은 『칭의란 무엇인가?』에서 다음과 같이 말한다.

내가 이 책을 통해 강조하고 싶은 것은 전통적인 신학적 유산을 포기하자는 것이 아니다. 전통적인 유산과 함께 성경이 다른 곳에서 가르치고 있는, 우리가 다소 소홀히 취급해 왔던 '행위에 따른 심판과 구원에 대한 가르침'도 똑같은 비중으로 보전하고 가르쳐야 한다는 것이다. 그것이 '오직 성경으로'(*Sola Scriptura*)의 정신뿐만 아니라, 또한 '전체 성경으로'(*Tota Scriptura*)의 정신에도 부합되기 때문이다.

아마도 독자들 가운데 이것이 옳으면 저것은 틀렸고 저것이 옳으면 이것은 틀렸다는 이분법적 흑백논리에 익숙한 사람들은 나의 '이것도 성경의 가르침이고, 저것도 성경의 가르침이다'라는 주장에 쉽게 동의하기가 어려울 것이다. 더욱이 성경에서 하나의 통일성을 가진 교리를 찾아야 한다는 조직신학적 관점에 익숙하거나, 전통적인 시각만을 가지고 성경 전체를 보려고 할 경우, 나의 양면적 주장을 받아들이기가 쉽지 않은 것이다.

하지만 나는 성경을 연구하고 가르치는 성경신학자로서 성경의 가르침을, 때때로 그것이 쉽게 이해가 되지 않고 논리적으로 수긍이 되지 않는다 하더라도, 있는 그대로 받아들이는 자세를 고수하고 싶다 (『칭의란 무엇인가?』, 284 이하).

안환균은 「빛과 소금」(두란노, 2019.9)에서 다음과 같이 말한다.

성경은 신자의 구원의 보장과 탈락을 동시에 다 말한다. 구약과 신약의 수많은 구절이 그 증거다. 어느 하나만을 특정 교리주의로 절대화하려는 건 성경을 넘어서서 인간적인 확신에 기대려는 것이다. 이것도 성경이고 저것도 성경이다. 이 균형 없는 교리도 생명력 있는 영적 긴장을 잃어버린다.

'성경에 양립하기 어려워 보이는 구절들이 있다고 해서 내가 믿는 교리로 억지스럽게 꿰맞추고 싶진 않다'라고 한 스펄전의 말은 옳다. 하나님이 주권적으로 신자의 구원을 견고하게 지키신다고 말하는 성경이 신자의 거룩한 삶의 책임 또한 강조한다. 바울 서신들의 단골 레퍼토리도 이 두 축이다.

'흡혈 신자'라는 말이 있다. 자신의 죄 사함과 구원을 위해 예수님의 피만 마시고 그분의 살은 안 먹으려는 신자들이다. 예수님은 자신을 가리켜 생명의 떡(요 6:48)이라고 하셨다. 그분의 피를 마실 뿐만 아니라 지금도 매일 만나를 통해 그 말씀의 떡을 먹고 순종하는 자들이 영생을 얻는다 (요 6:54, 「빛과 소금」, 131 이하).

추가 설명 4. 헬라적 관점과 히브리적 관점

만물을 바라보는 관점(틀) 중 헬라적 관점과 히브리적 관점이 있다. 헬라적 관점은 조직적이고 논리적이고 분석적이다. 이에 비해 히브리적 관점은 상대적으로 복합적이고 통전적인 틀을 가졌다고 할 수 있다. 성경을 해석하는 데는 이 두 가지 관점이 다 필요하다. 조직신학이 헬라 철학적인 기초 위에 세워졌다면, 20세기에 시작된 성경신학은 히브리적 관점을 가졌다고 할 수 있다.

서양 문화권이 헬라적인 문화권이라면, 이스라엘 지역인 중근동을 포함한 동양 문화권은 히브리적 문화권이라 할 수 있다. 그런데 인류 문명을 꽃 피운 자연과학은 헬라적 기반 위에 발전해 온 것이다. 이런 문화적인 배경이, 서양이 동양에 비해 물질 문명에서 앞서게 된 중요한 이유일 것이다.

자연과학의 첨단 분야 중 하나가 양자 물리학이다. 양자 물리학에서 논리적으로(헬라적 관점으로) 이해하기 어려운 것 중 하나가 바로 빛의 속성이다. 빛은 입자이면서 **동시에** 입자가 아니다(파동이다). 이런 이율배반적이고 모순된 속성은, 헬라적 관점으로 이해하기 어렵다.

생물학 분야에서 논리적 이해가 어려운 것은, 바이러스의 속성이다. 코로나19를 일으키는 균도 바이러스의 일종이다. 바이러스는 생명체이면서 동시에 무생명체이다.

아니, 살았으면서 **동시에** 죽었다는 것이 말이 되는가?

그런데 이것이 바이러스의 실체이다.

이처럼 모순된 현상을, 철학자들은 '존재와 인식의 갭'이라 칭한다. 즉, 바이러스에게는 살았으면서 죽어 있는 두 가지 현상이 동시에 '존재'한다. 그러나 우리의 인식 체계로는, 살았거나 죽었거나 둘 중의 한 가지 현상만 '인식'할 수 있다는 것이다.

물질 세계에 존재하는 '존재와 인식의 갭'은 영적 세계에도 존재한다. 예를 들어 '하나님의 주권'과 '인간의 자유 의지'라는 상반된 속성이 어떻게 **동시에** 함께 '존재' 할 수 있는지 이해하기 어렵다.

그런데 앞서 언급한 빛과 바이러스의 경우 각각 상반된 속성이 공존하고 있다는 것을 아는 것이, 이런 영적 현상을 이해하는 데 다소 도움이 된다.

또 다른 예는 '한 분 하나님이 셋으로 존재한다'라는 삼위일체 교리이다. 이런 현상 역시 우리는 논리적으로 이해하기는 어렵다. 그러나 '하나의 전자가 **동시에** 다른 곳에 존재한다'라는 양자 역학적 현상을 아는 것이, 삼위일체라는 신비한 존재를 받아들일 수 있는 데 다소나마 도움을 준다.

따라서 상반되고 모순되어 보이는 현상을 받아들이기 위해서는 헬라적 관점보다는 좀 더 총체적이고 통합적인 히브리적 관점이 더 유용하다. 이 글의 상당 부분도 이런 히브리적 관점을 갖고 통합적으로 바라보면 도움이 될 것이다.

2. 구원은 이미 받은 것인가?

한동안 가위눌리는 꿈을 꾼 적이 있다. 내가 학점 취득이 부족해 **아직** 대학을 졸업할 수 없다는 꿈이다. 그러다 잠을 깨면 내가 **이미** 졸업했다는 사실이 얼마나 안도감을 주었는지 모른다.

우리는 종종 '구원받았다' 또는 '거듭났다'라는 이야기를 듣는다. 구원이 **이미** 이루어졌다는 과거적 표현이다. 그런데 성경에는 구원에 대해 과거, 현재, 미래적 표현이 다양하게 나온다.[5] 전통적인 구원관으로는, 미래적

---

5   "추가 설명 5. 구원의 여정에 관한 구절"을 참조하라.

구원인 영화가 과거에 구원을 받은 사람에게는 누구에게나 '당연히' 주어지는 것으로 여기고 있다. 그러나 다음 말씀에서 바울은, 영화(부활)가 자동적으로 주어지는 것이 아니므로, 바울 자신이 '어떻게 해서든지' 장차의 부활(구원)을 얻기 위하여 분투할 것임을 다짐하고 있다.

> 내가 그리스도와 그 부활의 권능과 그 고난에 참여함을 알고자 하여 그의 죽으심을 본받아 어떻게 해서든지 죽은 자 가운데서 부활에 이르려 하노니(빌 3:10-11).

위 구절을 해석할 때에 혹자는, 이것은 바울이 부활에 이르는 큰 은혜에 대한 겸손의 태도를 나타낸 것이라고 주장하는데, 이런 해석은 이어지는 다음 구절들의 문맥으로 볼 때 무리한 해석이다.

> 내가 이미 얻었다 함도 아니요 온전히 이루었다 함도 아니라 오직 내가 그리스도 예수께 잡힌 바 된 그것을 잡으려고 달려가노라 형제들아 나는 아직 내가 잡은 줄로 여기지 아니하고 오직 한 일 즉 뒤에 있는 것은 잊어버리고 앞에 있는 것을 잡으려고 푯대를 향하여 그리스도 예수 안에서 하나님이 위에서 부르신 부름의 상을 위하여 달려가노라(빌 3:12-14).

위 말씀에서 바울은 아직 얻었다고 생각하지 않고, 앞에 있는 것을 잡으려고 푯대를 향해 달려가고 있는 모습을 묘사하고 있다.[6]

앞서 이야기한 대로 칭의, 성화, 영화는 각각 구원의 다른 표현들인 것이다. 따라서 칭의는 처음 예수님을 믿었을 때 끝나는 것이 아니고 일생 계속되는 과정이다. 성화와 영화 역시 처음 복음을 받아들일 때부터 일생

---

6 위 말씀을 해석하는 데 있어서도, 바울이 잡으려 하는 것은 구원이 아니라(구원은 이미 얻었으므로) 상(상급)이라고 해석하기도 한다. 그러나 상급은 곧 그리스도이며 구원이다("제2장 7. 상급이 있는가"를 참조하라).

계속되는 과정이다.[7]

용어상의 어감(語感)을 보면, 칭의(稱義, 의롭다 일컬음)는 이미 의롭게 되었다는 법정의 판결 선언처럼 단번에 끝나버린 듯한 인상을 준다. 이에 비해 성화(聖化)는 점점 거룩해지는 과정을 나타내는 듯하다. 그러나 칭의에는 성화(santify)처럼 과정을 나타내는 의화(義化, justify)의 의미도(점점 의로워진다) 함께 담겨져 있다. 또한, 성화에는 칭의처럼 단번의 선언을 의미하는 칭성(稱聖)의 의미(이미 거룩하게 되었다)가 함께 담겨져 있다.

따라서 용어 자체가 주는 의미에 묶이기보다는 성경이 가르치고 있는 의미에 주목해야 할 것이다.

1) 이미 이루어진 구원

우리가 복음을 듣고 예수 그리스도를 나의 왕과 주인으로 모셔 들이면, 하나님의 자녀가 되며 하나님 나라의 백성이 된다. 그런데 우리 대부분은 이 어마어마한 사실을 제대로 실감하지 못하고 있다.

만일 우리가 이 사실을 액면 그대로 받아들인다면, 우리는 자다가도 벌떡벌떡 일어나게 될 것이다. 우리는 마땅히 이미 우리에게 이루어진 이 구원의 기쁨을 이렇게(자다가도 벌떡벌떡 일어날 정도로) 누려야 한다.

> 그러나 귀신들이 너희에게 항복하는 것으로 기뻐하지 말고 너희 이름이 하늘에 기록된 것으로 기뻐하라 하시니라(눅 10:20).

우리는 다음 말씀처럼 과거 어느 시점에 주님을 믿음으로 말미암아 구원을 받았다.

---

[7] 뒤에 수록된 칭의, 성화, 영화 관련 구절을 참조하라.

> 너희는 그 은혜에 의하여 믿음으로 말미암아 구원을 받았으니 이것은 너희에게서 난 것이 아니요 하나님의 선물이라(엡 2:8).

이에 따라 다음 말씀처럼 우리는 이미 예수님과 함께 하늘에 앉혀져 있는 존재이다(영어 성경으로 보면 과거 시제로 우리의 소속이 이미 변화되었음을 잘 나타내고 있다).

> 또 함께 일으키사 그리스도 예수 안에서 함께 하늘에 앉히시니(엡 2:6).
> and raised us up with him and seated us with him in the heavenly places in Christ Jesus(Eph. 2:6, ESV).

2) 현재적이고 미래적인 구원

역사적인 배경을 보면 '선행'을 통한 구원을 강조하던 가톨릭에서는, 구원을 '미래적'인 것으로 받아들였다. 이에 비해 가톨릭의 구원관을 비판하면서 탄생한 개신교에서는, 구원을 '믿음'에 의하여 얻어진 것 곧 '과거적'인 것으로 이해하는 경향이 강했다. 이에 비해 동방정교회에서는 구원을 과거적이면서(already) 동시에 현재적이고 미래적인(not yet)것으로 바르게 이해하고 있는 것이 특이하다.

'거듭났다' 또는 '구원받았다'는 것은, 구원이 과거에 완성되어 끝나 버린 듯한 인상이 있다. 그러나 구원은 과거적인 모습뿐 아니라 아래 말씀처럼 현재적이고 미래적인 모습도 있다.

> 그러므로 나의 사랑하는 자들아 너희가 나 있을 때뿐 아니라 더욱 지금 나 없을 때에도 항상 복종하여 두렵고 떨림으로 너희 구원을 이루라(빌 2:12).[8]

---

[8] 이 말씀에서의 '구원'을 개인의 종말적인 구원이라기보다는 공동체의 안녕이라고 해석

갓난 아기들 같이 순전하고 신령한 젖을 사모하라 이는 그로 말미암아 너희로 구원에 이르도록 자라게 하려 함이라[여러분은 그것을 먹고 자라서 구원에 이르러야 합니다, 새번역](벧전 2:2).[9]

또 어려서부터 성경을 알았나니 성경은 능히 너로 하여금 그리스도 예수 안에 있는 믿음으로 말미암아 구원에 이르는 지혜가 있게 하느니라(딤후 3:15).[10]

다음 구절에서도 믿음으로 의롭게 됨을 미래적으로 표현하고 있다.

우리가 성령으로 믿음을 따라 의의 소망을 기다리노니[그러나 우리는 성령을 힘입어서 믿음으로 의롭다고 하심을 받을 소망을 간절히 기다리고 있습니다, 새번역](갈 5:5).

3) 이미 구원을 확보한 듯한 사람들의 안이(安易)함

오늘날 한국 교회가 사람들의 지탄의 대상이 되고 있어 안타깝다.

왜 이런 모습이 되었을까?
'구원은 이미 과거에 확보되었다'는 안이한 인식이, 이런 현상의 중요한 원인 중의 하나가 아닐까?
두렵고 떨림으로 구원을 이루어 가고자 하는 경건한 긴장감이 없기 때문이다!

하기도 한다.
[9] 이 말씀에서의 '너희'는 택하심을 받고(1:1), 말씀으로 이미 거듭난(1:23) 사람들이다.
[10] 위 말씀은 바울이 현재 주님의 일꾼으로 살아가고 있는 디모데에게 하는 말씀이다.

그리고 물의를 일으키는 일부 교계 지도자들이 교회 내의 많은 사람을 실족시키고 있다. 주님은 이렇게 사람들을 실족시키는 사람은 차라리 연자 맷돌이 그 목에 달려서 깊은 바다에 빠뜨려지는 것이 낫다고 했다.

이런 지도자들은 과연 구원을 받을 수 있는 것인가?

이런 현상의 깊은 바닥에는, '이미' 구원은 받아 놓은 것(확보된 것)이라는 교리적인 확신이 도사리고 있는 것 아닌가?

추가 설명 5. 구원의 여정(旅程)에 관한 구절

1) 과거, 현재, 미래의 구원

(1) 과거의 구원

너희는 그 은혜에 의하여 믿음으로 말미암아 구원을 받았으니 이것은 너희에게서 난 것이 아니요 하나님의 선물이라(엡 2:8).

For it is by grace you have been saved, through faith-and this not from yourselves, it is the gift of God(Eph. 2:8, NIV).

우리가 소망으로 구원을 얻었으매 보이는 소망이 소망이 아니니 보는 것을 누가 바라리요(롬 8:24).

For in this hope we were saved. But hope that is seen is no hope at all. Who hopes for what they already have?(Rom. 8:24, NIV).

(2) 현재의 구원

십자가의 도가 멸망하는 자들에게는 미련한 것이요 구원을 받는 우리에게는 하나님의 능력이라(고전 1:18).

For the message of the cross is foolishness to those who are perishing, but to us who are being saved it is the power of God(1Co. 1:18, NIV).

너희가 만일 내가 전한 그 말을 굳게 지키고 헛되이 믿지 아니하였으면 그로 말미암아 구원을 받으리라(고전 15:2).
By this gospel you are saved, if you hold firmly to the word I preached to you. Otherwise, you have believed in vain(1Co. 15:2, NIV).

그러므로 나의 사랑하는 자들아 너희가 나 있을 때뿐 아니라 더욱 지금나 없을 때에도 항상 복종하여 두렵고 떨림으로 너희 구원을 이루라(빌 2:12).
Therefore, my dear friends, as you have always obeyed – not only in my presence, but now much more in my absence – continue to work out your salvation with fear and trembling(Phi. 2:12, NIV).

(3) 미래의 구원

또 너희가 내 이름으로 말미암아 모든 사람에게 미움을 받을 것이나 끝까지 견디는 자는 구원을 얻으리라(마 10:22).
You will be hated by everyone because of me, but the one who stands firm to the end will be saved(Mt. 10:22, NIV).

그러면 이제 우리가 그의 피로 말미암아 의롭다 하심을 받았으니 더욱 그로 말미암아 진노하심에서 구원을 받을 것이니(롬 5:9).
Since we have now been justified by his blood, how much more shall we be saved from God's wrath through him(Rom. 5:9, NIV).

네가 네 자신과 가르침을 살펴 이 일을 계속하라 이것을 행함으로 네 자신과 네게 듣는 자를 구원하리라(딤전 4:16).

Watch your life and doctrine closely. Persevere in them, because if you do, you will save both yourself and your hearers(1Tim. 4:16, NIV).

갓난 아기들 같이 순전하고 신령한 젖을 사모하라 이는 그로 말미암아 너희로 구원에 이르도록 자라게 하려 함이라(벧전 2:2).

Like newborn babies, crave pure spiritual milk, so that by it you may grow up in your salvation(1Pe. 2:2, NIV).

2) 칭의, 성화, 영화 관련 성경 말씀

(1) 칭의
① 과거
그러므로 우리가 믿음으로 의롭다 하심을 받았으니 우리 주 예수 그리스도로 말미암아 하나님과 화평을 누리자(롬 5:1).

Therefore, since we have been justified through faith, we have peace with God through our Lord Jesus Christ(Rom. 5:1, NIV).

② 현재
하나님이 죄를 알지도 못하신 이를 우리를 대신하여 죄로 삼으신 것은 우리로 하여금 그 안에서 하나님의 의가 되게 하려 하심이라(고후 5:21).

God made him who had no sin to be sin for us, so that in him we might become the righteousness of God(2Co. 5:21, NIV).

③ 미래
우리가 성령으로 믿음을 따라 의의 소망을 기다리노니(갈 5:5).

For through the Spirit we eagerly await by faith the righteousness for which we hope(Gal. 5:5, NIV).

내가 자책할 아무 것도 깨닫지 못하나 이로 말미암아 의롭다 함을 얻지 못하노라 다만 나를 심판하실 이는 주시니라 그러므로 때가 이르기 전 곧 주께서 오시기까지 아무 것도 판단하지 말라 그가 어둠에 감추인 것들을 드러내고 마음의 뜻을 나타내시리니 그 때에 각 사람에게 하나님으로부터 칭찬이 있으리라(고전 4:4-5).

My conscience is clear, but that does not make me innocent. It is the Lord who judges me. Therefore judge nothing before the appointed time; wait utill the Lord comes. He will bring to light what is hidden in darkness and will expose the motives of the heart. At that time each will receive their praise from God(1Co. 4:4-5, NIV).

(2) 성화
① 과거
너희 중에 이와 같은 자들이 있더니 주 예수 그리스도의 이름과 우리 하나님의 성령 안에서 씻음과 거룩함과 의롭다 하심을 받았느니라(고전 6:11).

And that is what some of you were. But you were washed, you were sanctified, you were justified in the name of the Lord Jesus Christ and by the Spirit of our God(1Co. 6:11, NIV).

② 현재
그러나 이제는 너희가 죄로부터 해방되고 하나님께 종이 되어 거룩함에 이르는 열매를 맺었으니 그 마지막은 영생이라(롬 6:22).

But now that you have been set free from sin and have become slaves of God, the benefit you reap leads to holiness, and the result is eternal life(Rom. 6:22, NIV).

③ 미래

능히 너희를 보호하사 거침이 없게 하시고 너희로 그 영광 앞에 흠이 없이 기쁨으로 서게 하실 이(유 1:24).

To him who is able to keep you from stumbling and to present you before his glorious presence without fault and with great joy(Jud. 1:24, NIV).

(3) 영화
① 과거

모든 은혜의 하나님 곧 그리스도 안에서 너희를 부르사 자기의 영원한 영광에 들어가게 하신 이가 잠깐 고난을 당한 너희를 친히 온전하게 하시며 굳건하게 하시며 강하게 하시며 터를 견고하게 하시리라(벧전 5:10).

And the God of all grace, who called you to his eternal glory in Christ, after you have suffered a little while, will himself restore you and make you strong, firm and steadfast(1Pe. 5:10, NIV).

② 현재

우리 하나님과 주 예수 그리스도의 은혜대로 우리 주 예수의 이름이 너희 가운데서 영광을 받으시고 너희도 그 안에서 영광을 받게 하려 함이라(살후 1:12).

We pray this so that the name of our Lord Jesus may be glorified in you, and you in him, according to the grace of our God and the Lord Jesus Christ(2Th. 1:12, NIV).

③ 미래

우리 생명이신 그리스도께서 나타나실 그 때에 너희도 그와 함께 영광 중에 나타나리라(골 3:4).

When Christ, who is your life, appears, then you also will appear with him in glory(Col. 3:4, NIV).

> **추가 설명 6.** 구원의 과거, 현재, 미래(김요한, 『바이블 클래스, 바울 서신』, 208 이하 참조)

바울은 빌립보서에서 구원의 3시제, 곧 구원의 과거와 현재와 미래를 구체적으로 실제적으로 서술한다. 그는 자신과 빌립보 교인들이 '이미' 구원을 받았고, 지금도 구원을 계속 받고 있으며(구원의 여정 가운데 있으며), 장차 종말에 구원의 '완성'에 참여해 하나님의 영광을 누릴 것이라고 말한다. 달리 말하면, 구원의 '이미'와 '아직'은 오직 하나님의 '은혜'로 주어지는 것이지만, 그 이미와 아직 사이에서 은혜로 주어진 구원을 상실하지 않고 완성을 향해 이루어 가야 할 책임은 인간에게 있다.

바울은 다메섹 도상에서 예수 그리스도께 사로잡혔던 때를 기점으로 이미 구원을 받았으나, 아직 그의 구원의 완성은 종말의 그리스도 재림 때까지 유보되어 있다. 바울은 자신이 종말에 어떻게 해서든지 예수 그리스도 부활의 은혜에 참여하여 예수 그리스도처럼 영광스럽게 되기를 강력히 소망한다.

이를 위해 바울은 구원의 현재인 지금, 마치 올림픽 경기에 출전한 단거리 선수가 조국과 고향을 대표해 우승하기 위해 골인 지점을 향해 몸을 쭉 내밀면서 전력 질주하듯이 자신도 전력을 다해 구원의 경주를 수행하고 있다고 말한다. 그는 구원의 경주에서 승리하기 위해 뒤에 있는 것(과거의 성취, 과거의 실패 모두)은 잊어버리고 오직 골인 지점(푯대)만을 바라보며 혼신을 다해 뛰고 있다.

> 🕊 **추가 설명 7.** 칭의가 영화를 보장함(박영돈, 『톰 라이트 칭의론 다시 읽기』(IVP), 224, 227 참조). 본고의 논지와는 다른 내용

바울은 성화뿐 아니라 궁극적인 구원의 완성까지 칭의의 당연한 귀결이자 산물로 보았다. 그래서 다음과 같이 말했다.

> 이제 우리가 그의 피로 말미암아 의롭다 하심을 받았으니 더욱 그로 말미암아 진노하심에서 구원을 받을 것이니(롬 5:9).

로마서 5:1-11에서 바울은 이미 믿음으로 의롭다 함을 얻은 사람은 결국 진노하심에서 구원받고 영화에까지 이르게 된다는 확신을 내비쳤다. 거기서 앞으로 등장할 칭의와 영화를 하나로 묶는 위대한 선언을 예고했다(롬 8:30).

… 바울의 가르침에 따르면, 칭의(그 이전에는 예정)에서 영화까지의 모든 구원의 은혜는 황금 사슬로 엮여 있다. 이 은혜의 황금 사슬은 하나님의 영원불변한 사랑에 닻을 내리고 있고 하나님의 전능한 손에 붙잡혀 있기에 그 무엇도 끊을 수 없다.

하나님은 의롭게 하신 이를 반드시 거룩하게 하시고 영화롭게 하신다. 하나님이 미리 정하시고 부르시며 의롭다 하신 이를, 결국 영화롭게 하시는 그의 구원 역사를 누구도 저지할 수 없다. 우리 안에 구원을 시작하신 이가 그 구원을 완성하신다.

3. 구원은 소유인가?

경제적인 여유가 별로 없이 성장한 나는, "아무 것도 없는 자 같으나 모든 것을 가진 자로다"(고후 6:10)라는 말씀을 특히 좋아했다. 그리고 세상에서 가장 귀한 '구원'이, 절대로 잃어버릴 수 없는 나의 확실한 **소유**라고 오랫동안 믿어 왔다.

그런데 구원은 소유가 아닌 하나님과의 관계라는 것을, 다음 말씀이 보여 주고 있다.

> 영생은 곧 유일하신 참 하나님과 그가 보내신 자 예수 그리스도를 아는 것이니이다 (요 17:3).

🕊️ 추가 설명 8. 구원이란? (존 스토트, 『제자도』[IVP, 137])

먼저 우리는 우리의 구원과 관련하여 죽음과 생명을 본다. 구원은 종종 생명으로 표현하기 때문이다. 바울은 하나님의 은사가 영생이라고 썼고(롬 6:23), 요한은 아들이 있는 자에게는 생명이 있다고 설명했다(요일 5:12). 또한, <u>이 생명의 독특한 특징은 그 영원성이 아니라 새 시대의 생명이라는 특성임이 분명하다. 영생은 하나님과의 사귐 가운데 사는 삶이다</u>(요 17:3).

영생(구원)은 주님을 인격적으로 아는 것이다. 단순히 교리적인 사실만을 믿는다면 단시간에도 믿음을 갖는 것이 가능할 것이다. 그런데 인격적으로 알아 가는 데는 시간이 필요하다. 서로의 지속적 나눔을 통해 조금씩 조금씩 알아 가는 것이다. 마치 이슬비를 조금씩 맞다 보니 나중에는 어느새 흠뻑 젖어 있는 것과 같다. 그래서 내가 언제 주님을 인격적으로 만났

는지 그 시점이 명확하지 않을 수도 있다.

구원을 이루어간다는 것은, 주님을 인격적으로 알게 된 이후에도 다음 말씀처럼 일생동안 주님을 아는 면에 자라가는 것이다. 이것이 곧 구원을 이루어 가는 삶이다.

> 주께 합당하게 행하여 범사에 기쁘시게 하고 모든 선한 일에 열매를 맺게 하시며 **하나님을 아는 것에 자라게 하시고**(골 1:10).

다음 말씀은 어떻게 하면 구원을 받을 수 있는지를 설명하고 있다.

> 네가 만일 네 입으로 예수를 주로 시인하며 또 하나님께서 그를 죽은 자 가운데서 살리신 것을 네 마음에 믿으면 구원을 받으리라 사람이 마음으로 믿어 의에 이르고 입으로 시인하여 구원에 이르느니라(롬 10:9-10).

그런데 위 말씀은 어떤 '사실'을 믿으면 구원받는다는 의미가 아니다. 위 말씀에서 언급하고 있는, 예수가 만물의 주라는 '사실'과 그가 부활했다는 '사실'은 귀신들도 믿는다(약 2:19). 위 말씀에서의 믿음이란, 예수님을 주님으로 인정하고 굴복하는 것이고, 예수님을 살리신 하나님을 믿는 것이다.

다음에는 구원(영생)을 설명하는 대표적인 구절인 요한복음 5:24을 살펴보자.

이 구절에서는 생명(영생)을 얻었다는 과거형(현재 완료) 표현을 쓰면서, 마치 구원이 확보되어 버린 듯한 인상을 주고 있다. 요한 사도가 말한 영생을 이해하기 위하여 문맥을 보면서 이 말씀을 살펴보자.

> 내가 진실로 진실로 너희에게 이르노니 내 말을 듣고 또 나 보내신 이를 믿는 자는 영생을 얻었고 심판에 이르지 아니하나니 사망에서 생명으로 옮겼느니라 진실로 진

> 실로 너희에게 이르노니 죽은 자들이 하나님의 아들의 음성을 들을 때가 오나니 곧 이 때라 듣는 자는 살아나리라 … 이를 놀랍게 여기지 말라 무덤 속에 있는 자가 다 그의 음성을 들을 때가 오나니 **선한 일을 행한 자는 생명의 부활로, 악한 일을 행한 자는 심판의 부활로 나오리라**(요 5:24-25, 28-29).

24절에서 '내 말을 듣고'는 단순히 설명을 듣는다는 의미가 아니다. 25절에서도 '듣는 자는 살아나리라'고 했는데, 듣는다는 것은 들은 말대로 행한다는 것(순종)을 뜻한다. '부모의 말을 들어라'는 말에서의 뜻과 같은 것이다. 또한, 24절에서의 믿음의 대상은 '하나님'(나 보내신 이)이다. 믿음의 대상이, '예수님이 나 대신 돌아가셨다는 사실'이 아니라는 것에 주목할 필요가 있다.

어떤 '사실'을 믿는 것은, 단회적인 것으로 과거에 한번 믿었던 것을 현재에도 별 노력 없이 유지할 수 있다. 예를 들어 지구가 둥글다는 사실을 초등학교 때 듣고 믿었다면, 특별한 상황 변화가 없는 한 그 사실을 계속 믿으면 된다. 마치 한번 소유했던 것을 계속 소유하는 것과 유사하다.

그러나 인격체이신 하나님을 믿는 것은 다르다. 영생을 얻는다는 것은, 하나님과의 인격적인 관계의 문제이다. 이 영생은 우리가 하나님의 통치를 받아들여야 하는 전제가 필요하다. 그 통치에 대한 우리의 순종을 요구하고 있다. 그래서 우리에게 주어진 영생은 관계적이고 가변적이다. 만일 우리가 하나님 안에 머물러 있으면(통치를 받고 있으면), 우리에게 주어진 영생은 영원토록 지속될 것이다.

따라서 24절의 "영생을 얻었고 심판에 이르지 아니하나니 사망에서 생명으로 옮겼느니라"라는 약속은 천국 티켓을 소유하듯이 단회적(單回的)으로 끝나는 사건이 아니라, 하나님과의 관계를 전제로 한 약속이다. 24절 이후에 나오는 29절이 이를 잘 보여 주고 있다.

> 선한 일을 행한 자는 생명의 부활로 악한 일을 행한 자는 심판의 부활로 나오리라 (요 5:29).

즉, 선한 일을 행한 자에게는 생명을, 악한 일을 행한 자에게는 심판을 약속하고 있다. 다시 말하면, 하나님의 통치 안에 머물러 있는 자에게 생명(29a)을 약속하고 있고, 그렇지 않은 자에게 심판(29b)을 경고하고 있는 것이다.

다음 말씀에서는, 야곱과 에서가 어머니 리브가의 태(胎) 중에서 각각의 운명이 결정되었음을 보여 주고 있다.

> 그 자식들이 아직 나지도 아니하고 무슨 선이나 악을 행하지 아니한 때에 택하심을 따라 되는 하나님의 뜻이 행위로 말미암지 않고 오직 부르시는 이로 말미암아 서게 하려 하사 리브가에게 이르시되 큰 자가 어린 자를 섬기리라 하셨나니 기록된 바 내가 야곱은 사랑하고 에서는 미워하였다 하심과 같으니라(롬 9:11-13).

예정 교리에서는 이들이 택함을 받은 대로 수동적으로(또는 일방적으로), 야곱은 하나님의 유업을 받고 에서는 버림을 받는 것으로 이해하고 있다.

그러나 성경에서는 그렇게만 말씀하고 있지 않으며, 에서와 야곱의 인격적인 반응에 따라 그들의 운명이 결정되고 있음을 보여 주고 있다.

> 음행하는 자와 혹 한 그릇 음식을 위하여 **장자의 명분을 판 에서와 같이 망령된 자**가 없도록 살피라 너희가 아는 바와 같이 그가 그 후에 축복을 이어받으려고 눈물을 흘리며 구하되 버린 바가 되어 회개할 기회를 얻지 못하였느니라(히 12:16-17).

위 말씀처럼 택함받지 못한 에서는 자동적으로 버림을 받는 것이 아니라 에서 본인이 스스로 장자(長子)의 명분을 파는 망령된 행위를 한 것이다. 이런 망령된 행동이, 장차 에서가 심판을 받게 되는 근거가 되는 것이다.

택함을 입은 야곱 역시 자동적으로 하나님 나라의 유업을 받는 것이 아니다. 야곱은 자기 욕심을 좇아 130년 동안 험악한 세월을 보내다가(창 47:9) 하나님이 세우신 양육자 요셉을 통해 차츰 변화되어 간다. 그리고 생애 마지막 무렵에 이르러서야 드디어 믿음의 사람으로 빚어져서(히 11:21) 믿음의 열조에 그 이름을 올릴 수 있게 된다.

이처럼 하나님의 택하심과 '함께' 우리의 순종과 불순종이 결국 우리의 구원을 결정하게 된다. 그러므로 하나님의 예정을 단순히 기계적으로만 이해해서는 안 될 것이다.

사울왕의 경우를 보면, 처음에는 하나님의 택하심을 입어 겸손한 모습을 보이며 성령이 함께했다(삼상 10:10). 그러나 차츰 하나님의 통치를 거부하고 스스로 왕 노릇하게 되면서 멸망의 길을 걷게 되었다.

> 내가 사울을 왕으로 세운 것을 후회하노니 그가 돌이켜서 나를 따르지 아니하며 내 명령을 행하지 아니하였음이니라 하신지라 사무엘이 근심하여 온 밤을 여호와께 부르짖으니라(삼상 15:11).

사울과 다윗은 범죄 후 하나님을 향한 태도가 각각 달랐다. 가룟 유다와 베드로 역시 주님을 부인한 후 각각 그 태도가 달랐다. 하나님과 깨어진 관계를 회복하는 것이 회개인데, 그 태도가 각각 달랐던 것이다. 이처럼 인격적인 관계란 기계적으로 이루어지는 것이 아니라, 상호 반응에 따라 달라지는 것이다.

> 바리새인과 율법교사들은 그의 세례를 받지 아니함으로 그들 자신을 위한 하나님의 뜻을 저버리니라(눅 7:30).

위 말씀에서는 바리새인과 율법 교사들이, 세례 요한의 회개의 세례를 받지 않고 하나님이 주신 구원의 길을 버렸음을 보여 주고 있다.

하나님이 원 가지들도 아끼지 아니하셨은즉 너도 아끼지 아니하시리라 그러므로 하나님의 인자하심과 준엄하심을 보라 넘어지는 자들에게는 준엄하심이 있으니 너희가 만일 하나님의 인자하심에 머물러 있으면 그 인자가 너희에게 있으리라 **그렇지 않으면 너도 찍히는 바 되리라**(롬 11:21-22).

위 말씀에서도 택하신 이스라엘 백성이 열매를 맺지 못하자 찍어 버렸다고 말씀하고 있다. 하나님의 백성 역시 하나님과 올바른 관계 가운데 있지 않으면 얼마든지 버림을 받을 수 있다는 것이다.

4. 오직 은혜인가?

어린이들이 즐겨 읽는 『아낌없이 주는 나무』에 다음과 같은 명대사가 나온다. 나무가 소년에게 하는 말이다.

미안하다. 무엇이든 너에게 주고 싶은데. 내게 남은 것이라곤 늙어 빠진 나무 밑동뿐이야.

나무는 소년에게 자신의 모든 것을 아낌없이 다 주었다. 그리고 소년으로부터 아무런 기대도 하지 않았다. 무작정 퍼주기만 한 것이다.
구원은 하나님의 전적인 은혜에 의한 것이다. 개혁주의자들은 특히 이런 하나님의 주권적 은혜를 많이 강조해 왔다.
구원의 전(全) 과정이 하나님의 은혜이지만, 동시에 하나님의 형상으로 지음을 받은 우리의 책임과 역할이 있는 것이 또한 사실이다.
다음 말씀은 하나님이 우리에게 베푸신 은혜와 함께, 그 은혜에 상응하여 하나님이 우리에게 기대하시는 바가 있음을 나타내고 있다.

> 땅을 파서 돌을 제하고 극상품 포도나무를 심었도다 그 중에 망대를 세웠고 또 그 안에 술틀을 팠도다 좋은 포도 맺기를 바랐더니 들포도를 맺었도다 … **내가 내 포도원을 위하여 행한 것 외에 무엇을 더할 것이 있으랴 내가 좋은 포도 맺기를 기다렸거늘 들포도를 맺음은 어찌 됨인고** … 내가 그것을 황폐하게 하리니 다시는 가지를 자름이나 북을 돋우지 못하여 찔레와 가시가 날 것이며 내가 또 구름에게 명하여 그 위에 비를 내리지 못하게 하리라 하셨으니 무릇 만군의 여호와의 포도원은 이스라엘 족속이요 그가 기뻐하시는 나무는 유다 사람이라 그들에게 정의를 바라셨더니 도리어 포학이요 그들에게 공의를 바라셨더니 도리어 부르짖음이었도다(사 5:2, 4, 6-7).

위 말씀에서 하나님은, 하나님의 포도나무인 이스라엘 백성에게 모든 은혜를 베푸셨지만, 이스라엘은 좋은 열매를 맺지 못했다. 그 결과 하나님의 심판이 임하게 된 것이다.

학자들의 연구에 의하면, 바울 서신 기록 당시의 '은혜'에 대한 개념은, 지금 우리가 이해하고 있는 것과 다르다는 것이다. 즉, '아낌없이 주는 나무'처럼 아무런 기대가 없이 은혜가 주어지는 것이 아니라는 것이다.[11] 다시 말하면 은혜가 주어진다는 것은, 그 은혜에 합당한 삶을 살아야 하는 요구가 뒤따른다는 것이다.

이런 성경적인 예가 앞에서 살펴본 만 달란트 탕감받은 종의 이야기이다. 이 종은 아무런 조건 없이 '은혜로' 엄청나게 큰 빚을 탕감받았다. 그런데 이 종은 은혜를 받은 후 그것으로 끝나지 않고 그 은혜에 합당한 삶(다른 사람의 빚을 탕감해 주는)을 '마땅히' 살아야 하는 책임이 뒤따르는 것이다. 그 책임을 거부하는 것은, 자신이 받은 은혜를 거부하는 것과 같은 것이다.

> 결산할 때에 만 달란트 빚진 자 하나를 데려오매 … 그 종의 주인이 불쌍히 여겨 놓아 보내며 그 빚을 탕감하여 주었더니 … **내가 너를 불쌍히 여김과 같이 너도 네 동**

---

11 존 M.G. 바클레이, 『바울과 선물』, 송일 역 (서울: 새물결플러스, 2019), 131-140.

료를 불쌍히 여김이 마땅하지 아니하냐 하고 주인이 노하여 그 빚을 다 갚도록 그를 옥졸들에게 넘기니라 너희가 각각 마음으로부터 형제를 용서하지 아니하면 나의 하늘 아버지께서도 너희에게 이와 같이 하시리라(마 18:24, 27, 33-35).

이런 이해하에 다음 에베소서 2:8-10 말씀을 다시 살펴보자.

[8절] 너희는 그 은혜에 의하여 믿음으로 말미암아 구원을 받았으니 이것은 너희에게서 난 것이 아니요 하나님의 선물이라 [9절] 행위에서 난 것이 아니니 이는 누구든지 자랑하지 못하게 함이라 [10절] 우리는 그가 만드신 바라 그리스도 예수 안에서 **선한 일을 위하여 지으심을 받은 자니** 이 일은 하나님이 전에 예비하사 우리로 그 가운데서 행하게 하려 하심이니라(엡 2:8-10).

위 말씀에서 '은혜로 구원을 받았다'는 것은, 아무런 공로 없이 (이것이 은혜이다) 만 달란트라는 큰 빚을 탕감받은 것과 같다. 그런데 그 후에는 10절 말씀과 같이 '선한 일을 행해야' 하는 요구가 뒤따르게 되는 것이다.

구원을 유지할 정도의 순종

그렇다면 하나님의 은혜에 상응하는 우리의 순종은 어느 수준이어야 하는가?

즉, 어느 정도 수준의 삶을 살아야 구원에서의 탈락을 면할 수 있는가?

이런 질문은 중요한 질문이기는 하지만 참으로 서글픈 질문이 아닐 수 없다. 왜냐하면, 구원을 확보하기 위하여 주님과의 관계에서 유지해야 하는 최소한이 뭐냐고 묻는 것과 같기 때문이다.

부자지간의 인연과 부부간의 인연을 최소한만 유지하려는 사람이 있겠는가?

하나님과의 관계를 유지하기 위하여 어느 정도 순종해야 하는지를 정량적으로 정할 수 있는 것은 아니다. 그런데 나와 하나님과의 관계가 끊어져 있는지의 여부는, 본인이 제일 잘 알 것이다.

다음은 씨 뿌리는 비유의 말씀이다.

> 이 비유는 이러하니라 씨는 하나님의 말씀이요 길 가에 있다는 것은 말씀을 들은 자니 이에 마귀가 가서 그들이 믿어 **구원을 얻지 못하게 하려고** 말씀을 그 마음에서 빼앗는 것이요 바위 위에 있다는 것은 말씀을 들을 때에 **기쁨으로 받으나 뿌리가 없어 잠깐 믿다가 시련을 당할 때에 배반하는 자요** 가시떨기에 떨어졌다는 것은 말씀을 들은 자이나 지내는 중 이생의 염려와 재물과 향락에 기운이 막혀 **온전히 결실하지 못하는 자요** 좋은 땅에 있다는 것은 착하고 좋은 마음으로 말씀을 듣고 지키어 **인내로 결실하는 자니라**(눅 8:11-15).

첫째, 길 가의 경우에는 '구원을 얻지 못하게 하려고' 마귀가 말씀(씨)을 빼앗았으므로, 아직 영적 출애굽을 하지 못한 상태이다.

둘째, 바위 위의 경우에는 기쁨으로 말씀을 받아 영적으로 출애굽하여 구원의 여정(광야 길)에 들어선 사람이다. 그런데 '잠깐 믿다가' 시련(시험)이 오자 주님을 '배반'하고 구원의 길에서 떠나 애굽으로 돌아간 사람이다. 초신자가 구원에서 탈락한 경우라 할 수 있다.

셋째, 가시떨기의 경우에는 구원의 여정을 한동안 걸었지만 각종 시험(염려와 재물과 향락)에 걸려 넘어져 열매를 맺지 못한 사람이다. 이렇게 열매를 맺지 못한 사람은 주님께서 제거해 버린다고 하셨다(요 15:2).

다음은 열매를 맺지 못하는 라오디게아 교회를 책망하는 말씀이다.

> 네가 이같이 미지근하여 뜨겁지도 아니하고 차지도 아니하니 내 입에서 너를 토하여 버리리라 … 무릇 내가 사랑하는 자를 책망하여 징계하노니 그러므로 네가 열심을 내라 회개하라 볼지어다 내가 문 밖에 서서 두드리노니 누구든지 내 음성을 듣

고 문을 열면 내가 그에게로 들어가 그와 더불어 먹고 그는 나와 더불어 먹으리라 (계 3:16, 19-20).

위 구절은 미지근한 라오디게아 교인들이 회개하고 주님을 다시 영접하도록 초청하고 있는 말씀이다(20절 말씀은 초신자를 복음으로 초청하는 말씀이 아니다). 현재 라오디게아 교인들이 열매 없이 흘러 떠내려가고 있기 때문에 회개하고 주님을 다시 왕으로 모셔 들여 열매 맺는 삶을 살라는 것이다. 만약 그렇게 하지 않으면 토하여(제거하여) 버리겠다는 경고의 말씀이다.

너희는 믿음 안에 있는가 너희 자신을 시험하고 너희 자신을 확증하라 예수 그리스도께서 너희 안에 계신 줄을 너희가 스스로 알지 못하느냐 **그렇지 않으면 너희는 버림 받은 자니라**(고후 13:5).

위 말씀에서의 '너희'는 라오디게아 교인처럼 고린도 교인을 지칭하고 있는 것이다. 이런 교인들이 예수님을 왕과 주인으로 모시고 살지 않으면, 버림을 받을 수 있다는 것이다.

넷째, 좋은 땅의 경우에는 말씀을 듣고 지키어 인내로 결실하는 사람이다. 열매 맺기 위해서는 말씀을 듣고 지켜야(순종)한다. 그리고 이 열매를 계속 보존해야 한다. 이것이 구원을 이루어 가는 삶이다.

그런데 인내로 열매를 맺고 그 열매를 계속 보전하기 위해서는 다음 말씀과 같은 자세가 필요하다.

이 모든 일에 **전심전력하여** 너의 성숙함을 모든 사람에게 나타나게 하라 네가 네 자신과 가르침을 살펴 이 일을 계속하라 **이것을 행함으로 네 자신과 네게 듣는 자를 구원하리라**(딤전 4:15-16).

위 말씀처럼 전심전력하는 것이 영적 생존에 필요한 자세이다. 바울은 이런 삶을, 푯대를 향하여 달려가는 것으로 묘사했다(빌 3:14). 푯대를 향하여 달려간다는 것은, 다음 말씀처럼 범사에 머리이신 그리스도까지 자라가는 것을 뜻한다.

> 오직 사랑 안에서 참된 것을 하여 범사에 그에게까지 자랄지라 그는 머리니 곧 그리스도라(엡 4:15).

그리고 다음 말씀과 같이 그리스도와 같은 온전한 삶을 꾸준히 지향하는 것이다.

> 그러므로 하늘에 계신 너희 아버지의 온전하심과 같이 너희도 온전하라(마 5:48).

> 하나님이 미리 아신 자들을 또한 그 아들의 형상을 본받게 하기 위하여 미리 정하셨으니 이는 그로 많은 형제 중에서 맏아들이 되게 하려 하심이니라(롬 8:29).

이런 최선의 자세를 가질 때, 다음 말씀처럼 실족하지 않고 영원한 하나님 나라에 넉넉하게 입성(入城)할 수 있게 된다.

> 그러므로 형제들아 더욱 힘써 너희 부르심과 택하심을 굳게 하라 너희가 이것을 행한즉 언제든지 실족하지 아니하리라 이같이 하면 우리 주 곧 구주 예수 그리스도의 **영원한 나라에 들어감을 넉넉히 너희에게 주시리라**(벧후 1:10-11).

우리는 일상적으로 크고 작은 죄를 범하며 살아가고 있다. 그런데 이런 일상적인 죄가 장성하면 사망(구원의 탈락)에 이른다고 야고보서 1:15에서 경고하고 있다. 따라서 우리가 자신의 연약함으로 죄를 지을 수 있지만, 죄가 장성한 수준에 이르도록 해서는 안 될 것이다.

그렇다면 어느 정도의 죄가, 구원에서 떨어지게 되는 장성한 수준의 죄인가?

그런 수준을 객관적으로 정하기는 어렵지만, 그런 죄를 짓는 사람이 공동체 내에 알려지게 되면 그가 속한 공동체에서 그를 권면하여 돌이킬 수 있도록 도와주어야 할 것이다.

그렇게 할 때 진리를 떠나 생명을 잃은 지체가, 다음 말씀처럼 다시 구원을 회복할 수 있게 된다.

> 내 형제들아 너희 중에 미혹되어 진리를 떠난 자를 누가 돌아서게 하면 너희가 알 것은 죄인을 미혹된 길에서 돌아서게 하는 자가 그의 영혼을 사망에서 구원할 것이며 허다한 죄를 덮을 것임이라(약 5:19-20).

5. 오직 믿음인가?

추운 겨울에 동네 꼬마들이 저수지 앞에서 실랑이를 벌이고 있다. 한 아이가 "나는 이 저수지의 얼음 위로 걸어가도 얼음이 깨지지 않는다고 믿어"라고 큰소리를 친다. 그러자 다른 꼬마가 "그러면 너 먼저 건너 봐"라고 이야기 한다. 그러자 "나는 이 얼음이 안 깨진다고 믿지만, 내가 건너가는 것은 겁이 나서 못하겠어"라고 대답한다.

앞서 서술한대로 믿음과 행함은 본질적으로 같은 것이다. 이제 믿음과 행함의 관계를 좀 더 파악하기 위하여 '새 언약'과 '새 창조'에 대하여 살펴보자.

1) 새 언약

성경은 드라마다. 성경의 가장 큰 주제인 하나님 나라가, 총 5막의 드라마로 꾸며져 있다.

1막: 창조 이야기
2막: 범죄 이야기
3막: 이스라엘 이야기
4막: 예수님 이야기
5막: 교회 이야기

복음의 핵심은 당연히 4막의 예수님 이야기이다. 그런데 그동안 복음을 설명하면서 4막 이야기만 크게 부각시키고, 3막과 5막은 다소 가볍게 처리하는 경향이 있었다. 그러나 이 드라마는 전체적으로 긴밀하게 연결된 한 가지 이야기이다. 3막 이스라엘 이야기는 4막 예수님 이야기의 뿌리라 할 수 있으며, 5막 교회 공동체의 이야기는 4막 이야기의 열매라 할 수 있을 것이다.

1막 처음에 나오는 에덴동산은 하나님 나라의 원형이라 할 수 있다. 국가의 3요소는 통치자, 백성, 영토인데, 하나님 나라는 영토보다는 통치가 그 핵심이다. 에덴동산에서는, 하나님이 통치자인 왕이고, 아담과 하와가 그 백성이며, 에덴동산이 그 영토였다.

하나님 나라에서 하나님의 보호(이것이 곧 구원이다)를 받기 위해서는 하나님의 통치하에 있어야 한다(이것이 순종이다). 그것이 언약 관계이다. 그런데 아담과 하와는 그 언약 관계를 깨뜨렸다.

하나님 나라 공동체	부부 공동체	가족 공동체	부족 공동체	민족 공동체	국가 공동체	교회 공동체
언약 당사자	아담	노아	아브라함	모세	다윗	하나님 나라 백성
언약 내용	선악과 금지 (창 2:16-17)	무지개 언약 (창 9:12-17)	복의 근원 (창 12:1-3)	제사장 나라 (출 19:5-6)	영원한 나라 (삼하 7:12-16)	새 언약 (렘 31:31-33; 눅 22:20)

에덴동산에서의 하나님 나라의 모습이 아담과 하와의 부부 공동체였다고 하면, 그 후 노아는 더 확대된 모습인 가족 공동체를 이루었다. 그리고 아브라함과는 더 확대된 부족 공동체를 이루었고, 나아가서는 이스라엘 전체의 민족 공동체가 되었다. 그리고 이들이 시내산에서 모세와 함께 다음과 같이 하나님과 언약을 맺었다.

모세가 와서 여호와의 모든 말씀과 그의 모든 율례를 백성에게 전하매 그들이 한 소리로 응답하여 이르되 여호와께서 말씀하신 모든 것을 우리가 준행하리이다 … 모세가 그 피를 가지고 백성에게 뿌리며 이르되 이는 여호와께서 이 모든 말씀에 대하여 너희와 세우신 언약의 피니라(출 24:3, 8).

이 언약의 내용이 신명기에서 더 구체적으로 반복되었다. 신명기에서 다시 강조하는 언약 내용의 핵심은 역시 순종이다. 순종하면 복을 받고, 불순종하면 화가 임한다는 것이다.

네가 네 하나님 여호와의 말씀을 삼가 듣고 내가 오늘 네게 명령하는 그의 모든 명령을 지켜 행하면 네 하나님 여호와께서 너를 세계 모든 민족 위에 뛰어나게 하실 것이라 … 네가 만일 네 하나님 여호와의 말씀을 순종하지 아니하여 내가 오늘 네게 명령하는 그의 모든 명령과 규례를 지켜 행하지 아니하면 이 모든 저주가 네게 임하며 네게 이를 것이니(신 28:1, 15).

그러나 하나님 나라의 모형인 이스라엘 공동체는 불순종으로 언약을 파기했다. 그러자 하나님은 그리스도와 함께 세워지는 하나님 나라에 대한 약속 즉 새 언약을 세우셨다. 이 새 언약은 그리스도의 피로 세워진 것이다.

> 저녁 먹은 후에 잔도 그와 같이 하여 이르시되 이 잔은 내 피로 세우는 새 언약이니 곧 너희를 위하여 붓는 것이라(눅 22:20).

그런데 이 새 언약은 다음 말씀에서 볼 수 있듯이 그리스도가 오시기 전부터 이미 선포되었던 것이다(새 언약의 필요성은 하나님의 창조 계획에서 이미 이를 내다보고 있었다).**12**

> 여호와의 말씀이니라 보라 날이 이르리니 내가 이스라엘 집과 유다 집에 **새 언약을 맺으리라** 이 언약은 내가 그들의 조상들의 손을 잡고 애굽 땅에서 인도하여 내던 날에 맺은 것과 같지 아니할 것은 내가 그들의 남편이 되었어도 그들이 내 언약을 깨뜨렸음이니라 여호와의 말씀이니라 그러나 그 날 후에 내가 이스라엘 집과 맺을 언약은 이러하니 **곧 내가 나의 법을 그들의 속에 두며 그들의 마음에 기록하여** 나는 그들의 하나님이 되고 그들은 내 백성이 될 것이라 여호와의 말씀이니라(렘 31:31-33).

이 새 언약의 특징은 옛 언약과 달리 하나님의 법을 백성들의 마음에 직접 기록하시겠다는 것이다. 그리하여 하나님의 법을 순종할 수 있도록 하겠다는 것이다. 또한, 이 새 언약은 다음 말씀처럼 영원한 언약이며 또한 하나님을 경외함을 마음에 심겨 주겠다는 것이다.

---

12 "제2장 5. 오직 믿음인가? 2) 새 창조"를 참조하라.

그들은 내 백성이 되겠고 나는 그들의 하나님이 될 것이며 내가 그들에게 한 마음과 한 길을 주어 자기들과 자기 후손의 복을 위하여 항상 나를 경외하게 하고 내가 그들에게 복을 주기 위하여 그들을 떠나지 아니하리라 하는 영원한 언약을 그들에게 세우고 나를 경외함을 그들의 마음에 두어 나를 떠나지 않게 하고 내가 기쁨으로 그들에게 복을 주되 분명히 나의 마음과 정성을 다하여 그들을 이 땅에 심으리라(렘 32:38-41).

이런 새 언약의 약속이 다음 에스겔서에 좀 더 구체적으로 언급되고 있다.

내가 그들에게 한 마음을 주고 그 속에 새 영을 주며 그 몸에서 돌 같은 마음을 제거하고 살처럼 부드러운 마음을 주어 **내 율례를 따르며 내 규례를 지켜 행하게 하리니** 그들은 내 백성이 되고 나는 그들의 하나님이 되리라(겔 11:19-20).

또 새 영을 너희 속에 두고 새 마음을 너희에게 주되 너희 육신에서 굳은 마음을 제거하고 부드러운 마음을 줄 것이며 또 내 영을 너희 속에 두어 **너희로 내 율례를 행하게 하리니** 너희가 내 규례를 지켜 행할지라(겔 36:26-27).

위 말씀에서는 새 영 즉 성령을 주어서 하나님의 율례와 규례를 지키게 하겠다는 것이다. 성령을 통해 하나님의 법을 우리 마음에 기록하시겠다는 것이다.
그렇다면 우리가 어떻게 이 성령을 받을 수 있는가?

내가 너희에게서 다만 이것을 알려 하노니 너희가 성령을 받은 것이 율법의 행위로냐 혹은 듣고 믿음으로냐(갈 3:2).

위 말씀처럼 성령을 받는 것은 믿음으로 이루어지며 성령을 받으면 순종할 수 있게 된다. 순종하게 해서 구원하겠다는 것이, 하나님의 언약이다.

이상의 내용을 정리하여 보자. 우리는 믿음으로 성령을 받고(갈 3:2), 성령을 받으면 순종할 수 있게 되고(겔 11:19-20; 36:26-27), 순종하면 구원을 받게 된다(약 2:14).

이것을 도식화하면 다음과 같다. 이것이 새 언약의 구도이다.

> 믿음 → 성령 → 순종 → 구원

이처럼 순종해야 구원을 얻는다면, 이것은 행위 구원 아닌가?

구원은 믿음으로 얻는 것 아닌가?

앞서 언급한 대로, 믿음의 표현이 곧 순종(행함)이다. 믿음과 행함은 그 본질상 동일한 것이다.

그러므로 새 언약의 구도는, 결국 다음과 같이 표현할 수도 있다.

> 믿음 = 성령 = 순종 → 구원

다음 로마서 말씀은 '성령을 통해' 우리가 율법에 순종하는 삶을 살 수 있다는 것이다.

> 그것은, 육신을 따라 살지 않고 성령을 따라 사는 우리가 율법이 요구하는 바를 이루게 하시려는 것입니다(롬 8:4, 새번역).

위 구절에서의 "우리"는 로마서 8:1-2의 정죄함이 없고 죄와 사망의 법에서 해방된 구원받은 사람이다. 이런 '우리가' 성령을 따라 살면(곧 믿음으로 살면), 율법의 요구하는 바를 이룰 수 있다는 것이다. 이것이 새 언약의 약속이다.

그런데 앞서 살펴본 대로 구원받은 우리가 성령을 따라 살지 않고 육신대로 살면(순종하지 않으면) 죽을 것(구원을 잃어버림)이라고 경고하고 있다.

> 여러분이 육신을 따라 살면 죽을 것입니다 그러나 여러분이 성령으로 몸의 행실을 죽이면 살 것입니다(롬 8:13, 새번역).

이어지는 14절 말씀에서는 이렇게 성령(하나님의 영)께 순종하는 사람이 하나님의 자녀라고 말씀하고 있다.

> 하나님의 영으로 인도함을 받는 사람은 누구나 다 하나님의 자녀입니다(롬 8:14, 새번역).

 추가 설명 9. 가능하게 된 불가능했던 순종(드류 헌터,『ESV 성경 공부 시리즈 마태복음』, 35 참조)

예수님의 급진적인 요구를 간과하면서 말씀을 바르게 읽을 수 있는 독법이란 존재하지 않는다. 예수님은 분명히 말씀하신다.

> 너희 의가 서기관과 바리새인 보다 더 낫지 못하면 결코 천국에 들어가지 못하리라 (마 5:20).

이미 설명하시듯이, 예수님의 명령은 외적인 부분으로 다루어지는 사안이 아니다. 반드시 심중에서 전심으로 순종되어야 하는 것이다 (마 5:21-48). 후에 제자들이 어떻게 이런 유의 순종이 가능한지를 묻자 예수님은 다음과 같이 말씀하신다.

> 사람으로는 할 수 없으나 하나님으로서는 다 하실 수 있느니라(마 19:26).

다른 말로 하면, 이런 순종이 이루어지도록 가능하게 만드시는 분은 하나님이라는 것이다. 바로 이런 순종을 할 수 있도록 예수님이 우리에게 친히 권능을 주셔야만 한다.

실제로 예수님은 그렇게 하신다!

예수님은 새 언약 시대를 가져올 십자가를 향해 나아가는 길목에서 이 설교를 하셨다.

<u>새 언약은 단순히 우리의 죄가 사함을 받는 정도가 아니라, 새 마음을 얻게 하고, 성령의 권능을 받아 순종하게 만들어 준다</u>(참고. 겔 36:26-27; 렘 31:33). 이렇듯 예수님의 철두철미한 요구는 철두철미한 은사와 함께 주어진다.

2) 새 창조[13]

20세기에 들어서 본격적으로 연구하게 된 '하나님 나라'에 대한 내용은, 성경 전체를 구속사적으로 새롭게 볼 수 있게 하는 중요한 안목을 제공했다. 이에 못지않게 중요한 성경적 관점이, 최근에 소개되고 있는 '새 창조'에 대한 것이다. 하나님의 계시에 대한 이해의 발전이라 할 수 있다.

> 곧 창세 전에 그리스도 안에서 우리를 택하사 우리로 사랑 안에서 그 앞에 거룩하고 흠이 없게 하시려고 그 기쁘신 뜻대로 우리를 예정하사 예수 그리스도로 말미암아 자기의 아들들이 되게 하셨으니(엡 1:4-5).

위 말씀은 우리를 그리스도 안에서 새롭게(새 창조) 할 것을 '창세전에' 미리 계획했다는 것이다. 그리스도를 보내 우리를 구원하려는 계획이, 범죄 후의 사후 처방이 아니라는 것이다.

---

[13] 이 항목은 특별히 다음 두 책을 많이 참조했다. 성서유니온 편집부 저, 『광야의 소리, 윤종하』(서울: 성서유니온선교회, 2017). 윤종하 저, 『하나님의 지혜 시리즈 1, 2, 3』(서울: 모리아, 2002).

그동안 전통적 교리에서 인간의 창조는 '보기에 좋도록' 잘된 것인데 타락하고 망가져서 이를 회복하기 위하여 그리스도의 구속이 필요하다고 했다. 이에 비해 새 창조의 관점은, 첫 창조가 잘 되었다가 망가진 것이 아니라, 첫 창조는 그 자체로는 아직 미완성이라는 것이다. 그래서 새 창조의 시각으로는, 타락 전의 아담과 하와도 새 창조 대상으로서 미완성된 피조물이라는 것이다.

그래서 전통적 교리는, 창조-타락-구속(회복)의 구도를 갖고 있는데, 이는 처음에 잘 되었던(완성된) 창조를 다시 회복하겠다는 것이다. 이에 비해 새 창조의 관점은 첫 창조-새 창조의 구도이며, 이는 첫 창조는 미완성 창조이며 새 창조까지의 과정이 전체 창조 과정이라는 것이다.

창세기에서의 창조는, 1장에서의 첫 창조(6일 동안)와 창세기 2:1-3에서의 안식(제7일)으로 마무리된다. 제7일에서의 안식이 새 창조의 의미를 내포한다. 이처럼 첫 창조와 새 창조(구속)는 하나의 사건으로 7일까지로 묶여 있으며, 7일에 가서야 창조 사역이 끝나고 영원한 안식이 있다는 것이다(창 1:1-2:3의 관주 성경 제목도 '천지 창조'로 전체를 한 제목으로 묶었다).

> 천지와 만물이 다 이루어지니라 하나님이 **그가 하시던 일을 일곱째 날에 마치시니** 그가 하시던 모든 일을 그치고 일곱째 날에 안식하시니라 하나님이 그 일곱째 날을 복되게 하사 거룩하게 하셨으니 이는 하나님이 그 창조하시며 만드시던 모든 일을 마치시고 그 날에 안식하셨음이니라(창 2:1-3).

위 말씀에서 왜 여섯째 날에 마쳤다고 하지 않고 일곱째 날에 마쳤다고 했을까?

일곱째 날은 첫 창조를 마치고 쉬는 날이 아니라, 첫 창조된 사람을 다시 거룩하게 하는 사역(새 창조)을 나타내는 상징적인 날이며, 이런 구속 사역을 통해 하나님의 창조가 완성된다는 것이다.

성경에서 7은 완전이나 완성을 의미하는 상징적인 숫자이다. 창세기의 7일 창조 역시, 장구한 세월동안 창조된 것을 7일이라는 문학적인 표현을 사용한 것이다. 따라서 6일 창조는 미완성이며, 7일 창조(안식, 새 창조)가 완성된 창조이다.

이처럼 새 창조가 첫 창조와 함께 '동시에' 시작되었다는 창세기 2:1-3 말씀을, 다음 구절인 신약 히브리서에서도 동일하게 말씀하고 있다. 즉, 세상을 창조할 때부터 안식(구원의 역사)이 이루어졌다는 것이다.

> 이미 믿는 우리들은 저 안식에 들어가는도다 그가 말씀하신 바와 같으니 내가 노하여 맹세한 바와 같이 그들이 내 안식에 들어오지 못하리라 하셨다 하였으나 **세상을 창조할 때부터 그 일이 이루어졌느니라**(히 4:3).

그런 점에서 새 언약(렘 31:31)의 내용도 첫 언약(모세 때 시내산에서 맺은 언약) 이후에 별도로 주어진 것이 아니라 아담 때부터 주어진 것으로 보아야 할 것이다. 마음에 할례를 받으라는 것이 곧 새 언약을 의미하는 것으로, 예레미야 31:33의 "마음에 기록했다"라는 말이 그런 뜻이다.

🕊 추가 설명 10. 창세기 2:1-3의 일곱째 날의 의미(양용의, 『히브리서를 어떻게 읽을 것인가』, 113 이하 참조)

그렇다면 '일곱째 날'은 창조 사역의 목표인 전(全) 창조의 완성을 상징한다고 볼 수 있다. 이 날은 이처럼 다른 여섯 날들과 구별된다. 이런 독특성은 일곱째 날에 대한 기술(記述)이 처음 여섯 날들에 대한 기술(記述)들에서 특징적으로 나타나는 문학적 틀("곧 저녁이 되고 아침이 되니 … 날이니라")을 공유하고 있지 않다는 사실을 주목할 때 더욱 두드러지게 된다. 이는 아마도 일곱째 날은 경계나 끝이 없음을 암시해 주는 것으로 보이며, 이런 점에서 그 종말론적 성격을 시사한다. …

그렇다면 창세기 2:2의 '일곱째 날' 하나님의 '안식'은 이후에 도입될 다양한 '안식' 관련 개념들(예. '가나안 땅', '안식일', '구원')의 근원이자 원형이 된다. … 그렇다면 일곱째 날 하나님의 안식 안에 그분의 모든 피조물의 '안식일' 안식이 예견되고 있었다고 할 수 있다.

다음 말씀에서는 안식일을 지키는 이유가, 여호와가 자기 백성을 거룩하게 하는 것(새 창조)임을 알게 함이라고 했다. 안식이 곧 새 창조를 의미한다는 것이다.

너는 이스라엘 자손에게 말하여 이르기를 너희는 나의 **안식일을 지키라** 이는 나와 너희 사이에 너희 대대의 표징이니 나는 **너희를 거룩하게 하는 여호와인 줄** 너희가 알게 함이라(출 31:13).

성경에는 안식일 계명을 포함한 십계명 기사가 두 번 나온다. 그런데 안식일 계명을, 한 번은 창조 사역(출 20:11)과 관련하여, 다른 한 번은 아래와 같이 출애굽(신 5:15)과 관련하여 언급하고 있다.

너는 기억하라 네가 애굽 땅에서 종이 되었더니 네 하나님 여호와가 강한 손과 편 팔로 거기서 너를 인도하여 내었나니 그러므로 네 하나님 여호와가 네게 명령하여 안식일을 지키라 하느니라(신 5:15).

위 말씀에서는 안식일이 구원(출애굽, 새 창조)과 관련되어 있음을 보여 주고 있다.

그러므로 안식일에 이런 일을 행하신다 하여 유대인들이 예수를 박해하게 된지라 예수께서 그들에게 이르시되 내 아버지께서 이제까지 일하시니 나도 일한다 하시니(요 5:16-17).

위 말씀을 보면 하나님과 예수님이 제7일 안식일에 쉬지 않고 여전히 일하신다. 주님이 안식일에도 일하시는 내용은, 우리를 구원하여(신 5:15) 거룩하게 하는(출 31:13) 새 창조 사역이다. 그러므로 진정한 안식은 새 창조가 완성되는 미래적인 것이라 할 수 있다.

이처럼 새 창조(구원의 완성)는 첫 창조와 함께 시작되어 지금까지 계속되고 있고 세상 끝 날까지 계속될 것이다. 따라서 그리스도의 구속 사건과 새 창조는 첫 창조와 떼어서 사후 대책처럼 이해할 것이 아니라, 하나님이 처음 세상을 창조할 때부터 가지고 계셨던 원대한 경륜으로 보아야 할 것이다.

첫째, 새 창조와 순종
둘째, 새 창조와 성육신
셋째, 새 창조와 십자가
넷째, 새 창조와 부활

(1) 새 창조와 순종

창조-타락-구속(회복)의 구도에서는, 그리스도가 인간을 '대신'하여 죽은 것이 강조되고 있다(벧전 3:18 참조). 그리고 타락한 인간의 본성 때문에 인간을 온전히 새롭게 할 수 없으므로 예수님이 그 죄를 보이지 않게 덮어 준다는 것이다. 이것을 칭의(의롭다고 여김)라고 한다. 우리를 온전케 하는 것은 불가능하다고 생각하는 것 같다.

이에 비해 첫 창조-새 창조의 구도에서는, 그리스도가 인간을 '대표'하여 죽은 것이 강조된다(롬 6:3-4; 5:12 참조). 이에 따라 우리가 그리스도 안으로 들어가고(into Christ) 또한 그리스도와의 연합이 강조된다. 그 결과 우리가 명목상의 의인(칭의)뿐 아니라 실질적인 의인으로 살아갈 수 있도록 한다.

여기서는 우리가 성령의 도움으로 온전하게 될 수 있다고 생각한다(마 5:48; 벧전 1:15-16). '온전'이라 함은 물론 우리가 하나님처럼 되는 것을 의미하지 않고, 하나님이 인정하는 상태를 말한다. 인간이 전적으로 타락하여 온전하게 될 수 없다는 이론은 성경에서 지지(支持)받을 수 있는 것이 아니다. 아담과 하와의 범죄 후에 바로 뒤이어 나온 아들인 아벨을 보더라도, 하나님이 그를 의로운 사람이라 칭했다(마 23:35; 히 11:4). 그리고 노아에 대하여서도 당대의 '완전한 자'라고 불렀다(창 6:9).

그 밖에 다음 말씀에서와 같이 욥, 다윗, 바울 등의 삶을 보면, 인간이 전적으로 타락해 온전한 삶을 살 수 없는 것이 아님을 알 수 있다.

여호와께서 사탄에게 이르시되 네가 내 종 욥을 주의하여 보았느냐 그와 같이 온전하고 정직하여 하나님을 경외하며 악에서 떠난 자는 세상에 없느니라(욥 1:8).

이는 다윗이 헷 사람 우리아의 일 외에는 평생 여호와 보시기에 정직하게 행하고 자기에게 명령하신 모든 일을 어기지 아니하였음이라(왕상 15:5).

내가 자책할 아무 것도 깨닫지 못하나 이로 말미암아 의롭다 함을 얻지 못하노라 다만 나를 심판하실 이는 주시니라(고전 4:4).

우리를 창조한 목적도 거룩하고 흠이 없는 백성이 되게 하기 위함이라고, 다음 구절에서도 말씀하고 있다.

곧 창세 전에 그리스도 안에서 우리를 택하사 우리로 사랑 안에서 그 앞에 거룩하고 흠이 없게 하시려고(엡 1:4-5).

인간이 전적 타락으로 인하여 죄성(罪性)을 벗어나지 못한다면, 그리스도 안에서 새로운 피조물이 된 이후 그리스도의 구속으로 인한 의성(義性)

은 어떻게 된 것인가?

하나님의 새 창조(구원)의 능력이 인간의 죄성보다 약하단 말인가?

우리가 거룩한 삶을 살기 어렵다고 생각하는 것은, 하나님의 창조 계획을 제대로 모르는 것이며 또한 우리를 새롭게 창조하시는 하나님의 능력을 무시하는 것이다.

> 이는 성도를 온전하게 하여 봉사의 일을 하게 하며 그리스도의 몸을 세우려 하심이라 우리가 다 하나님의 아들을 믿는 것과 아는 일에 하나가 되어 **온전한 사람을 이루어 그리스도의 장성한 분량이 충만한 데까지 이르리니** 이는 우리가 이제부터 어린 아이가 되지 아니하여 사람의 속임수와 간사한 유혹에 빠져 온갖 교훈의 풍조에 밀려 요동하지 않게 하려 함이라 오직 사랑 안에서 참된 것을 하여 범사에 그에게까지 자랄지라 그는 머리니 곧 그리스도라(엡 4:12-15).

위 말씀은 성도를 온전하게 하여 우리의 머리이신 그리스도의 모습을 온전히 닮는 것을 목표로 하고 있음을 보여 주고 있다.

이처럼 새 창조의 목적은, 그리스도와의 연합을 통해 우리의 행함과 순종이 그리스도를 온전히 닮아가는 것이다.

(2) 새 창조와 성육신

성경에는 영과 육의 대조적인 표현이 나온다. 그런데 육(sarks, flesh)과 몸(soma, body)은 다른 것이다. 물론 성경에서 이 둘을 혼용하는 경우도 있다(고후 7:5; 엡 5:31 등). 그러나 일반적으로 몸은 물리적인 육체를 의미하며, 육은 거듭나기 전의 상태를 의미한다.

전통적으로는 육이라는 것을 타락한 인간의 본성이나 인간의 죄성으로 이해해 왔는데, 그렇게 하면 성육신하신 예수님 즉 육으로 오셨으나 죄 없는 예수님의 모습을 나타내지 못한다. 따라서 육을, 첫 창조된 인간의 상태로 보아야 할 것이다.

예수님의 성육신은 한마디로, 우리와 같은 첫 창조의 영역으로 오셨다는 것이다. 우리와 같은 첫 창조의 모습으로 출생, 세례, 시험, 고난, 죽음 등의 영역을 경험하신 것이다. 그리고 죽음 이후 부활해 새 창조의 영역으로 들어가신 것이다.

다음 구절들이 육(첫 창조)으로 오신 예수님이 영으로 부활(새 창조)하셨음을 보여 주고 있다.

그의 아들에 관하여 말하면 육신으로는 다윗의 혈통에서 나셨고 성결의 영으로는 죽은 자들 가운데서 부활하사 능력으로 하나님의 아들로 선포되셨으니 곧 우리 주 예수 그리스도시니라(롬 1:3-4).

크도다 경건의 비밀이여, 그렇지 않다 하는 이 없도다 그는 육신으로 나타난 바 되시고 **영으로 의롭다 하심을 받으시고** 천사들에게 보이시고 만국에서 전파되시고 세상에서 믿은 바 되시고 영광 가운데서 올려지셨느니라(딤전 3:16).

이처럼 예수님이 첫 창조의 영역으로 오신 것을 알 때에, 다음 구절처럼 예수님이 고난과 순종을 통해 온전하게 되셨다는 것을 이해할 수 있다.

그러므로 만물이 그를 위하고 또한 그로 말미암은 이가 많은 아들들을 이끌어 영광에 들어가게 하시는 일에 그들의 구원의 창시자를 **고난을 통해 온전하게** 하심이 합당하도다(히 2:10).

그가 아들이시면서도 받으신 **고난으로 순종함을 배워서** 온전하게 되셨은즉 자기에게 순종하는 모든 자에게 영원한 구원의 근원이 되시고(히 5:8-9).[14]

---

[14] 물론 여기에서의 '온전'은 도덕적인 개념이 아니다. 이것은, 예수님이 죽기까지 온전히 순종하셔서 '모든 자에게 영원한 구원의 근원'되신 것 즉 온전한 구원의 길을 여셨다는 의미이다.

이와 같이 우리의 머리이신 예수님이 육(첫 창조)으로 오시고 영으로 부활해서 새 창조의 첫 열매가 되신 것이다.

예수님이 우리를 구속하셨을 뿐 아니라(**구원의 길을 여셨다**) 또한 우리와 동일한 여건인 첫 창조의 영역으로 오셔서 온전한 순종의 본(本)을 보여 주셨다(**구원의 길을 앞서 걸으셨다**). 즉, 구원의 길을 여셨을 뿐 아니라, 그 길을 앞서 걸으셨다.

> 이를 위하여 너희가 부르심을 받았으니 그리스도도 너희를 위하여 고난을 받으사 너희에게 본을 끼쳐 그 자취를 따라오게 하려 하셨느니라(벧전 2:21).

> 그가 시험을 받아 고난을 당하셨은즉 시험 받는 자들을 능히 도우실 수 있느니라(히 2:18).

주님은 우리의 'pace-setter'(선두 주자)가 되어 주신 것이다. 먼저 십자가의 길(道)을 앞서 걸으시고 우리가 그 뒤를 좇도록 하신 것이다(이어지는 다음 항목 '새 창조와 십자가' 참조). 그리고 우리가 그 길을 갈 수 있도록 성령 안에서 도우신다. 우리는 이처럼 주님을 좇아 온전함을 추구하도록 부르심을 받았다.

(3) 새 창조와 십자가

옛 사람은 자기가 왕이 되어 '자기 주도'와 '자기 강화'에 힘쓰는 반면, 새 사람은 그리스도가 주인이 되어 '그리스도 주도'하(下)에 '자기 부인'하고 하나님의 뜻을 따르는 삶을 사는 것이다. 이것이 결정적인 차이이다.

> 또 무리에게 이르시되 아무든지 나를 따라오려거든 자기를 부인하고 날마다 제 십자가를 지고 나를 따를 것이니라(눅 9:23).

자기 부인이 되지 않은 헌신과 열심은 결국 자기가 주인이 되어 경건의 모양을 내는 것에 불과하다. 교계에서 일어나고 있는 많은 다툼이 이에서 비롯된 것이라 할 수 있다. 거룩한 욕심이라는 것은 있을 수 없다. 어떤 욕심이든 결국은 자기 부인이 안 되어 나타나는 것으로 죄의 근원이 된다.

그런데 자기를 부인하고 욕심을 버리는 것은 어려운 일이다. 그러나 십자가의 도(道)를 배우고 그 길에 들어서면 가능해진다. 그래서 십자가가 하나님의 능력이요 지혜인 것이다.

십자가란, 자기 능력이나 지혜를 의지하지 않고 지혜롭고 전능하신 하나님께 겸손히 순종하는 것을 의미한다. 십자가의 길이란, 예수님이 먼저 앞서 걸으셨던 바로 그 길이다.

다음 구절에서 십자가를 하나님의 사랑이라 하지 않고, 하나님의 능력과 지혜라고 하고 있다.

> 십자가의 도가 멸망하는 자들에게는 미련한 것이요 구원을 받는 우리에게는 하나님의 능력이라(고전 1:18).

> 유대인은 표적을 구하고 헬라인은 지혜를 찾으나 우리는 십자가에 못 박힌 그리스도를 전하니 유대인에게는 거리끼는 것이요 이방인에게는 미련한 것이로되 오직 부르심을 받은 자들에게는 유대인이나 헬라인이나 그리스도는 하나님의 능력이요 하나님의 지혜니라(고전 1:22-24).

십자가는 형벌의 도구였다. 만약 예수님이 십자가에서 죽고 끝나 버리셨다면 십자가를 지혜와 능력이라고 할 수 없을 것이다. 그 답은 예수님의 부활에서 찾을 수 있다.

> 그리스도의 사랑이 우리를 강권하시는도다 우리가 생각하건대 한 사람이 모든 사람을 대신하여 죽었은즉 모든 사람이 죽은 것이라 그가 모든 사람을 대신하여 죽으심

은 살아 있는 자들로 하여금 다시는 그들 자신을 위하여 살지 않고 오직 그들을 대신하여 죽었다가 다시 살아나신 이를 위하여 살게 하려 함이라(고후 5:14-15).

위 말씀처럼 예수님이 우리 모든 사람을 위하여 죽으셨다는 것은, 죄를 범하며 살아온 우리 모두가 그분 안에서 죽었다는 의미이다.

그런데 그분이 다시 살아나셨다!

그리고 우리도 그분 안에서 다시 살아났고, 이제는 오로지 그분을 위해서 살아야 한다는 것이다.

<u>이처럼 그리스도 안에서 십자가의 도를 통해 이루시는 새 창조야말로 하나님의 능력이요 지혜의 절정이라고 할 수 있다.</u> 십자가 안에서 새 창조된 우리는, 그 능력을 힘입어 은혜에 합당한 행함(순종)을 할 수 있게 된 것이다.

(4) 새 창조와 부활

그러므로 우리가 그의 죽으심과 합하여 세례를 받음으로 그와 함께 장사되었나니 이는 아버지의 영광으로 말미암아 그리스도를 죽은 자 가운데서 살리심과 같이 우리로 또한 **새 생명 가운데서 행하게 하려 함이라** 만일 우리가 그의 죽으심과 같은 모양으로 연합한 자가 되었으면 또한 그의 부활과 같은 모양으로 연합한 자도 되리라(롬 6:4-5).

세례는 우리가 그리스도의 죽으심과 부활에 연합했음을 의미한다. 그리고 세례식은 이런 사실을 공동체에 공표하는 의식이다. 즉, 우리는 그리스도와 함께 죽고 또한 그리스도와 함께 부활한 사람들이다. 그러나 우리의 육체는 아직 죽지 않았고 우리의 육체는 아직 부활하지 않았다. 우리의 영혼이 죽었다가 다시 산 것이다.

그는 허물과 죄로 죽었던 너희를 살리셨도다(엡 2:1).

우리의 영혼은 이미 임한 하나님 나라에서 '먼저' 부활하고, 우리의 육체는 종말에 완성될 하나님 나라에서 '장차' 부활하게 된다!

우리 영혼이 부활했다는 증거는, 위 말씀처럼 '새 생명 가운데 행하는' 것이다. 즉 새롭게 창조된 사람답게 새로운 삶을 사는 것이다!

<u>지금 이곳에서 영혼이 부활한 사람답게 행하는(순종하는) 사람에게, 종말에 육체의 부활이 주어지는 것이다. 이것이 우리의 소망이다!</u>

이상 살펴본 바와 같이 예수님의 성육신, 십자가, 부활은 새 창조의 근원이 된다. 이렇게 예수님을 힘입어 새 창조된 우리는, 성령의 은혜로 순종(행함)하는 삶을 사는 것이다.

6. 구원을 확신할 수 있는가?

나의 신앙생활은 '구원의 확신'을 갖는 것으로부터 시작되었다. 구원의 확신이 첫 관문이었다. 그 기초 위에 여러 신앙적인 개념과 확신 등이 세워지게 되었다. 그런데 구원의 확신이란 '어떤 경우에도' 나의 구원은 보장된 것이라고 믿는 것이 아님을 뒤늦게 알게 되었다.

1) '구원의 영원한 안전'을 지지하는 듯한 다른 구절들

앞서 개략적 답변에서 '구원의 영원한 안전'을 지지하는 듯한 대표적인 구절들을 살펴보았다. 이곳에서 추가적으로 더 살펴보고자 한다. 그러나 앞서 언급했듯이 이런 말씀을 해석하는 데 있어서 중요한 전제가 있다. 그것은, 구원이란 하나님과의 인격적 관계 가운데 그분의 통치 안에 머물러 있는 것이라는 사실이다.

이런 전제하에 다음 마태복음 28:20을 보면, 이 약속이 '주님을 따르고 그 말씀을 지키는 제자'들에게 한 약속이며, 주님의 사랑을 뿌리친 사람에게는 해당되지 않는 말씀이라는 것을 알 수 있다.

> 내가 너희에게 분부한 모든 것을 가르쳐 지키게 하라 볼지어다 내가 세상 끝날까지 너희와 항상 함께있으리라 하시니라(마 28:20).

다음 말씀은 성령이 영원토록 우리와 함께하신다는 약속이다.

> 내가 아버지께 구하겠으니 그가 또 다른 보혜사를 너희에게 주사 영원토록 너희와 함께있게 하리니 그는 진리의 영이라 세상은 능히 그를 받지 못하나니 이는 그를 보지도 못하고 알지도 못함이라 그러나 너희는 그를 아나니 그는 너희와 함께 거하심이요 또 너희 속에 계시겠음이라(요 14:16-17).

위 말씀의 배경은 예수님이 요한복음13장에서 제자들의 발을 씻기시고 새 계명을 주신 후, 14장에서 16장까지 제자들에게 마지막 긴 설교를 하시고, 17장에서 대제사장으로서의 긴 기도를 하신 후, 18장에서 십자가에 못 박히시는 과정에서 제자들에게 하신 말씀이다.

이런 배경으로 보면, 예수님이 제자들에게 주신 이 약속은 믿음의 공동체 즉 교회에게 주신 약속이다. 그 공동체 안에 있던 사람이 예수님의 사랑을 저버리고 떠난 경우에도 영원토록 함께하겠다는 약속은 아니다.

다음 로마서 8:30에서는 의롭다 하신 사람(칭의)이 자동적으로 영화롭게 되는 것으로 보인다. 즉, 한번 구원받은 사람은 그 구원이 보장되는 것으로 보인다.

> [29]하나님이 미리 아신 자들을 또한 그 아들의 형상을 본받게 하기 위하여 미리 정하셨으니 이는 그로 많은 형제 중에서 맏아들이 되게 하려 하심이니라 [30]또 미리 정하신 그들을 또한 부르시고 부르신 그들을 또한 의롭다 하시고 의롭다 하신 그들을 또한 영화롭게 하셨느니라(롬 8:29-30).

그러나 그 전 구절인 29절에서 볼 수 있듯이, 미리 정하고 의롭게 하신 목적이 그리스도의 형상을 본받도록(거룩한 삶, 하나님의 통치를 받는 삶) 하는 것이다. 즉, 의롭게 된 사람은 하나님의 통치하에 있어야 하고 그럴 때에 영화로운 존재인 것이다.

다음 구절에서는 하나님의 부르심에는 후회가 없기 때문에, 한번 구원받은 사람에게는 어떤 일이 있어도 그 구원이 보장되는 듯이 보인다.

하나님의 은사와 부르심에는 후회하심이 없느니라(롬 11:29).

그러나 다음 말씀에서 보듯이 하나님은 사울왕을 부르신 것을 후회한다고 하셨고, 결국 그를 버리셨다.

내가 사울을 왕으로 세운 것을 후회하노니 그가 돌이켜서 나를 따르지 아니하며 내 명령을 행하지 아니하였음이니라 하신지라 사무엘이 근심하여 온 밤을 여호와께 부르짖으니라(삼상 15:11).

다음 말씀에서는 성도가 성령의 인치심을 받아 그 구원이 '보장'된 것으로 보인다.

그 안에서 너희도 진리의 말씀 곧 너희의 구원의 복음을 듣고 그 안에서 또한 믿어 약속의 성령으로 인치심을 받았으니 이는 우리 기업의 보증이 되사 그 얻으신 것을 속량하시고 그의 영광을 찬송하게 하려 하심이라(엡 1:13-14).

그런데 위 말씀에서 '보증'의 원어적 의미는 첫 지불금 즉 계약금의 성격이 있는 것이다. 마치 남녀 사이의 약혼과 같은 것이다. 그렇지만 모든 계약이 다 성사되는 것은 아니며, 모든 약혼이 예외 없이 결혼으로 이어지는 것은 아니다. 쌍방 간의 약속이 서로 신실하게 이행될 때야 비로소 온전한 성사가 이루어지는 것이다.

다음 12절 말씀에서는 주님께서 끝까지 우리가 의탁한 것을 지키시겠다고 약속했지만, 이어지는 13-14절에서는 우리가 또한 지켜야 할 것을 명령하고 있다.

> ¹²이로 말미암아 내가 또 이 고난을 받되 부끄러워하지 아니함은 내가 믿는 자를 내가 알고 또한 내가 의탁한 것을 그 날까지 그가 능히 지키실 줄을 확신함이라 ¹³너는 그리스도 예수 안에 있는 믿음과 사랑으로써 내게 들은 바 바른 말을 본받아 지키고 ¹⁴우리 안에 거하시는 성령으로 말미암아 네게 부탁한 아름다운 것을 지키라 (딤후 1:12-14).

다음 말씀에서는 구원의 완성을 위하여 우리가 하나님의 보호하심을 받는다고 말씀하고 있다.

> 썩지 않고 더럽지 않고 쇠하지 아니하는 유업을 잇게 하시나니 곧 너희를 위하여 하늘에 간직하신 것이라 너희는 말세에 나타내기로 예비하신 구원을 얻기 위하여 **믿음으로 말미암아 하나님의 능력으로 보호하심을 받았느니라**(벧전 1:4-5).

그런데 이런 보호는 '믿음으로 말미암아' 가능한 것이다. 처음 복음을 받아들였던 믿음은 계속 유지되어야 함을 이미 앞에서 살펴보았다(히 3:14). 다음 유다서 24절에서는 주님께서 능히 우리를 보호하여 하나님의 영광 앞에 흠 없이 설 수 있도록 지켜 주신다고 약속하셨지만, 동시에 그 앞의 21절에서는 우리가 스스로를 지키도록 명령하고 있다.

> 하나님의 사랑 안에서 자신을 지키며 영생에 이르도록 우리 주 예수 그리스도의 긍휼을 기다리라 … 능히 너희를 보호하사 거침이 없게 하시고 너희로 그 영광 앞에 흠이 없이 기쁨으로 서게 하실 이(유 1:21, 24).

아래의 고린도전서 3:15 말씀도, 1절부터 끝까지 보면서 문맥 안에서 이해해야 한다.

> 우리는 하나님의 동역자들이요 너희는 하나님의 밭이요 하나님의 집이니라 … 누구든지 그 공적이 불타면 해를 받으리니 그러나 자신은 구원을 받되 불 가운데서 받은 것 같으리라(고전 3:9, 15).

위 15절 말씀은 '우리가 한번 구원을 얻으면 아무리 죄 가운데 살더라도 결국 불 가운데서 창피하게라도 구원은 받는다'라고 오해하기 쉽다. 그러나 이 말씀은 기본적으로 9절 말씀처럼 하나님의 동역자들에게 주어진 말씀이다.

즉, 이 사람들은 죄 가운데 함부로 살아가지 않고, 기본적으로 순종의 삶을 살면서 나름대로 사역을 하고 있는 사람들이다. 그런데 사역을 한다고는 하지만 잘못된 동기로 사역을 하다가 심판 때에 그 공적(사역에 대한 주님의 평가)은 불타 버리고 자신만 불 가운데서 창피하게 겨우 구원을 얻는 것을 말한다.

위에서 언급한 고린도전서 3:15에 **바로 이어지는** 다음 말씀은 하나님의 성전을 더럽히면 그 사람을 멸하신다고 엄히 경고했다. 즉, 사역과는 별도로 개인적인 죄는 하나님의 심판을 피할 수 없다는 것이다. 그래서 성경을 문맥으로 이해하는 것이 중요하다.

> 너희는 너희가 하나님의 성전인 것과 하나님의 성령이 너희 안에 계시는 것을 알지 못하느냐 **누구든지 하나님의 성전을 더럽히면 하나님이 그 사람을 멸하시리라** 하나님의 성전은 거룩하니 너희도 그러하니라(고전 3:16-17).

다음 말씀도 한번 구원은 영원하다는 것을 지지하는 듯하지만, 그렇지 않다.

> 이런 자[음행한 자]를 사탄에게 내주었으니 이는 육신은 멸하고 영은 주 예수의 날에 구원을 받게 하려 함이라(고전 5:5).

위 구절에서 "구원을 받게 하려 함이라"라는 의미는 지금 구원을 잃어버렸거나 잃어버릴 가능성이 있으므로 이에 대한 특단의 조치가 필요하다는 뜻이다. 이미 구원이 보장된 사람이라면 굳이 사탄에게까지 내줄 필요가 없을 것이다. 사탄에게 내주는 특별한 조치가 무엇인지는 알기 어렵지만,[15] 이 구절이 구원에서의 탈락을 경고하고 있다는 것은 문맥상 확실하다.

> [11]나를 주 앞에서 쫓아내지 마시며 주의 성령을 내게서 거두지 마소서 [12]주의 구원의 즐거움을 내게 회복시켜 주시고 자원하는 심령을 주사 나를 붙드소서 (시 51:11-12).

위의 시편은 다윗이 밧세바를 동침한 후 오랜 시간이 지나고, 선지자 나단의 책망을 듣고 기도하는 내용이다. 그런데 12절에서 '구원'을 회복해 달라고 기도하지 않고 '구원의 즐거움'을 회복해 달라고 기도한다. 이 말씀을 근거로 하여 어떤 죄를 짓더라도(밧세바를 범하고 그 남편을 죽였더라도) 구원은 절대로 잃어버리지 않고 보장된다고 주장하기도 한다. '구원의 즐거움'은 잃어버릴 수 있지만 '구원'은 잃어버리지 않는다는 주장이다.

과연 그런가?

12절 바로 앞에 있는 11절에서는, 주 앞에서 쫓아내지 말며 성령을 거두지 말라고 기도하고 있다.

---

15 앞에서 살펴본 야고보서 1:15에서 "죄가 장성하면 사망을 낳는다"라고 했다. 그런데 이 음행한 자를 구원하기 위하여 "죄가 장성하기 전에" 하나님의 특별한 은혜로 육신을 멸하여 생명을 일찍 거둬 가는 경우일 수 있다. 이에 대한 또 다른 해석은, 사탄에게 내어 준 것이 공동체에서의 축출을 의미하며, 이로 인해 회개의 기회를 갖도록 한다는 것이다.

이런 기도는 어떻게 이해해야 하는가?

주 앞에서 쫓김을 당하거나 성령이 거둬지더라도, 구원은 보장되는 것인가?

나단의 책망을 즉각 받아들인 다윗은, 아직 하나님과의 관계를 희미하게나마 유지하고 있었던 것으로 보인다. 그런데 만일 이때 다윗이 나단의 책망을 거절하고 계속 불순종 가운데 머문다면, 결국 하나님과의 관계가 끊어져 구원에서 멀어지게 될 것이다. 즉, 죄가 장성하여 사망에 이르게 되는 것이다(약 1:15).

2) '사망'에 관한 대표적인 구절

이 단락을 이해하기 위해서는, 사망(영적)과 연관된 다음 3가지 종류의 죄를 아는 것이 필요하다.

첫째, 구원에서 탈락한 것을 다시 회복할 수 없는 영원한 멸망의 죄이다.

이 죄는 하나님과의 관계가 철저히 끊어져 다시 회복될 수 없는 최악의 죄이다.[16] 즉, 다음 구절 요한일서 5:16에서 언급하고 있는 '사망에 이르는 죄'이다. 이 구절에서의 '사망'은 구원에서 탈락하고 다시 생명으로 회복하는 것이 불가능한 상태를 의미한다.

> 누구든지 형제가 **사망에 이르지 아니하는 죄** 범하는 것을 보거든 구하라 그리하면 사망에 이르지 아니하는 범죄자들을 위하여 그에게 생명을 주시리라 **사망에 이르는 죄**가 있으니 이에 관하여 나는 구하라 하지 않노라(요일 5:16).

---

16 관주 성경에서는 이 최악의 죄를 지칭하는 구절로 마태복음 12:31-32(성령 모독)과 히브리서 6:4-8; 10:26-29(배교)을 보여 주고 있다.

둘째, 구원의 탈락에서 다시 구원을 회복할 수 있는 죄이다.

죄가 장성해 구원에서 멀어졌지만, 만일 회개하면 구원을 다시 회복할 수 있는 죄이다. 위에 언급한 요한일서 5:16의 '사망에 이르지 아니하는 죄'를 지칭한다. 이런 죄를 지은 사람은 현재 구원에서 멀어졌지만, 돌이키면 다시 생명을 주신다고(NIV에서는 "God will give them life"의 미래 시제 사용)말씀하고 있다.

그런데 여기에서 용어상 유의할 점은 요한일서 5:16에서의 사망과 다음에 나오는 야고보서 5:19-20에서의 사망은 그 의미가 다르다는 것이다.

> 내 형제들아 너희 중에 미혹되어 진리를 떠난 자를 누가 돌아서게 하면 너희가 알 것은 죄인을 미혹된 길에서 돌아서게 하는 자가 그의 영혼을 사망에서 구원할 것이며 허다한 죄를 덮을 것임이라(약 5:19-20).

요한일서 5:16에서의 사망은 앞서 언급한 것처럼 구원에서 탈락한 후 다시 회복할 수 없는 영원한 멸망의 사망이다. 이에 비해 야고보서 5:19-20에서의 사망은, 현재 구원에서 멀어졌지만 돌이키면(공동체의 권면 등으로) 다시 구원을 회복할 수 있는 사망이다.

위에 소개한 두 말씀(요일 5:16a; 약 5:19-20)의 내용은, 형제가 처음 생명이 있었는데, 범죄로 생명을 잃었다가, 또 다시 생명을 찾을 수 있게 된다는 것이다.[17]

셋째, 구원의 탈락까지는 이르지 않는 일상적인 죄이다.

이상과 같이 사망과 연관된 세 종류의 죄를 살펴보았는데, 영적 사망을 언급하고 있는 대표적인 구절인 요한일서 5:16을 다시 살펴보도록 하자.

---

[17] 이런 것에 대한 구약의 예표적인 사건은 니느웨의 멸망이라 할 수 있다. 요나서에서 하나님은 니느웨를 멸망시키려 했다가, 회개하니 용서해 주고(참조. 렘 18:7-10), 다시 범죄하니 멸망시켰다(나훔 1:1-2). 즉, 생명과 멸망이 고정되어 변할 수 없는 것이 아니라는 것이다.

누구든지 형제가 사망에 이르지 아니하는 죄 범하는 것을 보거든 구하라 그리하면 사망에 이르지 아니하는 범죄자들을 위하여 그에게 생명을 주시리라 사망에 이르는 죄가 있으니 이에 관하여 나는 구하라 하지 않노라(요일 5:16).

앞서 설명한대로 위 말씀에서는 구원에서 탈락한 후 다시 구원을 회복할 수 없는 죄(사망에 이르는 죄)와, 돌이키면 구원을 다시 회복할 수 있는 죄(사망에 이르지 아니하는 죄)로 구분하고 있다.

어쨌든 구원에서 탈락한다고 명시하고 있는 이 한 구절만으로도, '한번 구원은 영원한 구원'이라는 주장이 타당치 않음을 보여 주고 있지 않은가?[18]

3) 구원의 탈락을 경고하는 다른 구절들

하나님의 가장 중요한 속성 두 가지는 거룩과 사랑이다. 한번 구원은 영원한 구원을 주장하는 측은 특히 사랑을 강조한다. 그러나 우리는 하나님의 사랑과 함께, 그분의 거룩하심을 균형 있게 이해해야 한다. 만약 교회에서 복음을 소개할 때에 하나님의 사랑과 함께 그분의 거룩하심을 강조했다면, 지금보다 교회에 오는 사람은 적더라도 훨씬 더 건강한 교회가 되었을 것이다.

다음 로마서 11:21-22에서는 하나님의 인자(사랑)와 준엄(거룩)을 함께 말씀하고 있다.

하나님이 원 가지들도 아끼지 아니하셨은즉 너도 아끼지 아니하시리라 그러므로 하나님의 **인자하심과 준엄하심을 보라** 넘어지는 자들에게는 준엄하심이 있으니 너희가

---

[18] 어쨌든 한번 구원은 영원하다는 주장을 하려면, 이상 언급한 사망에 관한 3구절(**약 1:15; 5:19-20; 요일 5:16**)에 대한 설득력 있는 반증을 '먼저' 할 수 있어야 할 것이다.

만일 하나님의 인자하심에 머물러 있으면 그 인자가 너희에게 있으리라 그렇지 않으면 너도 찍히는 바 되리라(롬 11:21-22).

만일 성도(거룩한 무리)가 거룩한 삶을 살지 못한다면 그는 성도라 할 수 없다. 다음 말씀은, 우리가 처음 가졌던 믿음을 계속 유지해야 구원에 이른다는 것이다. 마치 한강의 물고기가 최소한 유속(流速)만큼의 지느러미 운동을 하지 않으면 조금씩 밀려 나중에는 인천 앞바다의 짠 물에 빠져 죽는 것과 유사하다. 안주하고자 하는 성도는 (영적)사망에 이를 수 있다는 것이다.

나의 의인은 믿음으로 말미암아 살리라 또한 뒤로 물러가면 내 마음이 그를 기뻐하지 아니하리라 하셨느니라 우리는 뒤로 물러가 멸망할 자가 아니요 오직 영혼을 구원함에 이르는[whose souls will be saved] 믿음을 가진 자니라(히 10:38-39).

그래서 다음의 히브리서 구절들에서도 흘러 떠내려가지 않도록 여러 번 반복해 경고하고 있는 것이다.

그러므로 우리는 들은 것에 더욱 유념함으로 우리가 흘러 떠내려가지 않도록 함이 마땅하니라(히 2:1).

그러므로 우리는 두려워할지니 그의 안식에 들어갈 약속이 남아 있을지라도 너희 중에는 혹 이르지 못할 자가 있을까 함이라(히 4:1).

다음 구절은 히브리서 중에서도 상당히 논란이 되고 있는 구절이다.

⁴한번 빛을 받고 하늘의 은사를 맛보고 성령에 참여한 바 되고 ⁵하나님의 선한 말씀과 내세의 능력을 맛보고도 ⁶타락한 자들은 다시 새롭게 하여 회개하게 할 수 없나

니 이는 그들이 하나님의 아들을 다시 십자가에 못 박아 드러내 놓고 욕되게 함이라 [7]땅이 그 위에 자주 내리는 비를 흡수하여 밭 가는 자들이 쓰기에 합당한 채소를 내면 하나님께 복을 받고 [8]만일 가시와 엉겅퀴를 내면 버림을 당하고 저주함에 가까워 그 마지막은 불사름이 되리라 [9]사랑하는 자들아 우리가 이같이 말하나 너희에게는 이보다 더 좋은 것 곧 구원에 속한 것이 있음을 확신하노라 [10]하나님은 불의하지 아니하사 너희 행위와 그의 이름을 위하여 나타낸 사랑으로 이미 성도를 섬긴 것과 이제도 섬기고 있는 것을 잊어버리지 아니하시느니라 [11]우리가 간절히 원하는 것은 너희 각 사람이 동일한 부지런함을 나타내어 끝까지 소망의 풍성함에 이르러 [12]게으르지 아니하고 믿음과 오래 참음으로 말미암아 약속들을 기업으로 받는 자들을 본받는 자 되게 하려는 것이니라(히 6:4-12).

위 구절에서 논쟁의 요지는, 4-5절에서 지칭하고 있는 사람이 구원받았는지의 여부(與否)이다.

그런데 이어지는 6절에서는 이들이 '타락'했다고 말씀하고 있다. 타락했다면, 이 사람은 이전에 구원받은 사람으로 보는 것이 타당하지 않은가?

구원받지 못하고 신앙생활의 외적(外的)인 경험만 한 사람에게는 '타락'이라는 용어가 적절치 않다. 그리고 '다시 새롭게' 할 수 없다고 했기 때문에 '이미 새롭게' 되었던 사람으로 보는 것이 타당한 해석이다.

위 구절에서 이 사람이 지은 죄는, 다시 회개해 돌아올 수 없는 죄라고 했다(6절). 이 죄는, 성령을 모독한 죄(마 12:31-32) 또는 다음 말씀처럼 배교(자기를 거룩하게 한 언약의 피를 욕되게 함)의 죄로 보인다. 다시 말하면, 요한일서 5:16에서 언급한 '사망에 이르는 죄'인 것 같다.

하물며 하나님의 아들을 짓밟고 자기를 거룩하게 한 언약의 피를 부정한 것으로 여기고 은혜의 성령을 욕되게 하는 자가 당연히 받을 형벌은 얼마나 더 무겁겠느냐 너희는 생각하라(히 10:29).

그런데 이런 무서운 죄를 범한 사람에게 이미 하나님의 은혜의 비가 자주 내렸으며 이에 합당한 열매를 기대했다(7절). 그런데 기대와 달리 가시와 엉겅퀴를 내어 버림을 당한 것이다(8절).

이어지는 9절에서는, 너희에게는 더 좋은 것 곧 구원에 속한 것이 있음을 말씀하고 있다. 그런데 이 9절 말씀을 근거로 하여, 한번 구원은 영원한 구원이라는 주장을 하는 경우가 있다. 그러나 이어지는 11-12절에서는, 이들이 끝까지 믿음과 인내를 가지고 소망에 이르기를(구원의 완성) 간절히 원한다고 말씀하고 있다. 이미 보장된 구원이라면 굳이 '간절히 원할' 필요가 없을 것이다. 이 말씀은 히브리서의 많은 경고(흘러 떠내려가지 않도록)를 다시 반복하고 있는 것이다.

그리고 아래 언급한 야고보서는, 바울 서신처럼 교회에 보낸 서신으로 그 대상이 믿는 사람들이다. 따라서 죽은 믿음을 책망하고 있는 야고보서 2장은, 전도의 말씀이 아니라 양육을 위한 말씀이다. 이 말씀은, '행함이 없는 것은 처음부터 믿음이 없었던 것이니 주님을 주인으로 명확하게 영접하라'는 전도의 말씀이 아니다.

이 말씀은 '처음에는' 살아 있는 믿음을 가졌던 사람이, '현재' 죽은 믿음임을 책망하고 있는 말씀이다.

네가 하나님은 한 분이신 줄을 믿느냐 잘하는도다 귀신들도 믿고 떠느니라 아아 허탄한 사람아 행함이 없는 믿음이 헛것인 줄을 알고자 하느냐(약 2:19-20).

다시 말하면 위 말씀에서 '너'란 교회 안에 있는 형제로서, **현재 믿음에서 떠나** 행함이 없이 믿음의 모양만 갖고 있어서 구원을 보장하기가 어려운 사람이다. 이런 사람을 책망하는 말씀이다.

이런 사람들을 돌이켜 다시 복음의 진리로 돌아오도록 하라는 권면의 말씀이, 앞에서 살펴본 야고보서 맨 끝 말씀이다(약 5:19-20).

야고보서 1장에서 말씀하고 있는 욕심 중 가장 대표적인 것이 재물에 대한 욕심이다. 따라서 돈을 사랑하는 욕심이, 우리를 죄로 이끌어 믿음에서 떠나 사망에 이르게 할 수 있으므로 이런 욕심을 피해 '영생을 취해야' 한다고 다음 말씀은 경고하고 있다.

> 부하려 하는 자들은 시험과 올무와 여러 가지 어리석고 해로운 욕심에 떨어지나니 곧 사람으로 파멸과 멸망에 빠지게 하는 것이라 돈을 사랑함이 일만 악의 뿌리가 되나니 이것을 탐내는 자들은 미혹을 받아 **믿음에서 떠나** 많은 근심으로써 자기를 찔렀도다 오직 너 하나님의 사람아 이것들을 피하고 의와 경건과 믿음과 사랑과 인내와 온유를 따르며 믿음의 선한 싸움을 싸우라 **영생을 취하라**(딤전 6:9-12).

따라서 다음 말씀의 가룟 유다도, 돈을 사랑함이 배교의 한 요인이었던 것 같다.

> 이렇게 말함은 가난한 자들을 생각함이 아니요 그는 도둑이라 돈궤를 맡고 거기 넣는 것을 훔쳐 감이러라(요 12:6).

그렇다면 다음 말씀처럼 바울의 동역자였던 데마가 세상을 사랑하여 바울을 떠난 것이, 가룟 유다의 경우처럼 구원에서 탈락한 것일 수도 있다는 것이다.

> 데마는 이 세상을 사랑하여 나를 버리고 데살로니가로 갔고(딤후 4:10a).

그래서 바울이 다음 말씀처럼 고린도 교회를 염려하고, 나아가서는 바울 자신도 깨어 있고자 했던 것이다.

내가 하나님의 열심으로 너희를 위하여 열심을 내노니 내가 너희를 정결한 처녀로 한 남편인 그리스도께 드리려고 중매함이로다 그러나 나는 뱀이 그 간계로 하와를 미혹한 것 같이 너희 마음이 **그리스도를 향하는 진실함과 깨끗함에서 떠나 부패할까 두려워하노라**(고후 11:2-3).

내가 내 몸을 쳐 복종하게 함은 내가 남에게 전파한 후에 자신이 도리어 버림을 당할까 두려워함이로다(고전 9:27).

또한 바울은, 갈라디아 교인들이 믿음에서 속히 떠나(초신자 상태에서) 구원에서 멀어진 것을 의아스럽게 생각하고 있다.

그리스도의 은혜로 너희를 부르신 이를 이같이 **속히 떠나** 다른 복음을 따르는 것을 내가 이상하게 여기노라(갈 1:6).

계속되는 다음의 갈라디아서에서, '우리'(바울 포함)도 다른 복음을 전하면 저주를 받아 그리스도에게서 끊어질 수 있다고 경고하고 있다.

그러나 우리나 혹은 하늘로부터 온 천사라도 우리가 너희에게 전한 복음 외에 다른 복음을 전하면 저주를 받을지어다(갈 1:8).

그리고 다음 말씀에서는 성령의 사람이 다시 육에 속한 옛 사람으로 돌아갈 수 있다는 것이다.

너희가 이같이 어리석으냐 성령으로 시작하였다가 이제는 육체로 마치겠느냐(갈 3:3).

이신칭의를 주장한다고 하는 갈라디아서에는, 구원의 탈락을 경고하고 있는 말씀이 위의 세 말씀 외에도 여러 곳이 더 있다(갈 5:4, 15, 21; 6:8 등).

다음 요한계시록 말씀에서도, 만일 이기지 못하면(불순종) 생명책에 기록된 이름을 지울 수도 있다는 의미가 내포되어 있다.

> 이기는 자는 이와 같이 흰 옷을 입을 것이요 내가 그 이름을 생명책에서 결코 지우지 아니하고 그 이름을 내 아버지 앞과 그의 천사들 앞에서 시인하리라(계 3:5).

성경의 끝 책인 요한계시록은 가장 핍박이 심했던 시대에 어린양 예수를 신뢰하도록 격려하는 말씀이다. 계시록 말씀에서 일곱 교회(완전수인 일곱 개의 교회는 과거와 현재의 모든 교회를 상징함)에게 반복적으로 동일하게 말하신 내용은 '이기라'는 것이다.

다음 말씀 역시 이기는 자에게 주어진 약속이다.

> **이기는 자는** 내 하나님 성전에 기둥이 되게 하리니 그가 결코 다시 나가지 아니하리라 내가 하나님의 이름과 하나님의 성 곧 하늘에서 내 하나님께로부터 내려오는 새 예루살렘의 이름과 나의 새 이름을 그이 위에 기록하리라(계 3:12).

다음 말씀은 어린양의 혼인 잔치에 참석할 신부의 자격은, 옳은 행실을 가진 자라는 것이다(믿음 좋은 자라고 하지 않았다).

> 우리가 즐거워하고 크게 기뻐하며 그에게 영광을 돌리세 어린양의 혼인 기약이 이르렀고 그의 아내가 자신을 준비하였으므로 그에게 빛나고 깨끗한 세마포 옷을 입도록 허락하셨으니 이 세마포 옷은 **성도들의 옳은 행실이로다** 하더라(계 19:7-8).

다음 구절은, 하나님 말씀을 소중히 여기지 않는 자는 구원을 취소하겠다는 경고의 말씀이다.

만일 누구든지 이 두루마리의 예언의 말씀에서 제하여 버리면 하나님이 이 두루마리에 기록된 생명나무와 및 거룩한 성에 참여함을 제하여 버리시리라(계 22:19).

이제 로마서 6장 말씀을 좀 긴 문맥으로 살펴보자. 로마서 6장은 그리스도와 함께 죽고 함께 사는 그리스도와의 연합을 강조하는 말씀으로, 다음과 같이 시작된다.

그런즉 우리가 무슨 말을 하리요 은혜를 더하게 하려고 죄에 거하겠느냐 그럴 수 없느니라 죄에 대하여 죽은 우리가 어찌 그 가운데 더 살리요 무릇 그리스도 예수와 합하여 세례를 받은 우리는 그의 죽으심과 합하여 세례를 받은 줄을 알지 못하느냐(롬 6:1-3).

그리고 이 문맥은 다음과 같이 계속되어 23절로 끝을 맺는다.

[15]그런즉 어찌하리요 우리가 법 아래에 있지 아니하고 은혜 아래에 있으니 죄를 지으리요 그럴 수 없느니라 [16]너희 자신을 종으로 내주어 누구에게 순종하든지 그 순종함을 받는 자의 종이 되는 줄을 너희가 알지 못하느냐 혹은 죄의 종으로 사망에 이르고 혹은 순종의 종으로 의에 이르느니라 [17]하나님께 감사하리로다 너희가 본래 죄의 종이더니 너희에게 전하여 준 바 교훈의 본을 마음으로 순종하여 [18]죄로부터 해방되어 의에게 종이 되었느니라 [19]너희 육신이 연약하므로 내가 사람의 예대로 말하노니 전에 너희가 너희 지체를 부정과 불법에 내주어 불법에 이른 것 같이 이제는 너희 지체를 의에게 종으로 내주어 거룩함에 이르라 [20]너희가 죄의 종이 되었을 때에는 의에 대하여 자유로웠느니라 [21]너희가 그 때에 무슨 열매를 얻었느냐 이제는 너희가 그 일을 부끄러워하나니 이는 그 마지막이 사망임이라 [22]그러나 이제는 너희가 죄로부터 해방되고 하나님께 종이 되어 거룩함에 이르는 열매를 맺었으니 그 마지막은 영생이라 [23]**죄의 삯은 사망이요** 하나님의 은사는 그리스도 예수 우리 주 안에 있는 영생이니라(롬 6:15-23).

위 말씀에서, 우리가 죄의 종이 되어 불법의 열매를 맺을 때에는 '사망'에 이르게 되고, 하나님의 종이 되어 거룩함의 열매를 맺으면 '영생'을 얻는다고 했다. 그러면서 우리가 은혜 아래 있으므로 다시 죄의 종이 되어서는 안 된다고 거듭 강조하고 있다. 이는 우리가 다시 죄의 종이 될 수 있는 위험성이 있다는 것이다.

이런 이해 가운데 로마서 6장의 마지막 말씀인 23절을 보면, 이것은 '죄에 대한 일반적인 설명'이 아니라 앞의 문맥에서 계속되고 있는 가르침의 연장인 것을 알 수 있다.[19] 즉, '현재 은혜 안에 있다 하더라도' 다시 죄의 종이 되면 그 결과(삯)는 사망이라는 것이다. 따라서 이 구절만 별도로 떼어서 전도용으로 사용하는 것은 문맥상 적절치 않은 것이다.

이상 성경 본문을 중심으로 쌍방의 말씀을 살펴보았는데, 한번 구원이 영원하다는 것은 성경적 근거를 찾기가 어려운 주장이다.[20]

---

[19] 죄에 대한 일반적인 설명 즉 죄론은 3장 전반부에서 이미 마쳤다. 그리고 3장 후반부에 복음을 제시하고 그 후부터는 주로 신자의 삶과 신자의 죄를 다루고 있다. 따라서 로마서 6:23의 죄 역시 일반적으로 짓는 죄가 아니라 신자의 죄를 대상으로 하고 있다.

[20] 필자는 오랜 세월 동안 '한번 구원은 영원한 구원'이라는 가르침을 당연한 것으로 받아들여 왔다. 그러나 하나님 나라에 대한 이해를 새롭게 하면서, 하나님 나라 백성은 '현재' 하나님과의 인격적인 관계 가운데 통치를 받고 있는 사람임을 알게 되었다. 그 결과 하나님의 통치를 떠나면, 구원에서 떨어진다는 것을 인정하게 되었다.
그후 성경을 다시 보니 그동안 보지 못했던 많은 구절이 눈에 들어왔다. 오랫동안 성경을 보면서, 한번 구원은 영원한 구원이라는 틀로 보았을 때에는 지금 보고 있는 이 많은 구절이 눈에 들어오지 않았던 것이 정말 신기하게 느껴진다. 사람은 보고 싶은 것만 본다는 말이 실감이 난다. 아마 현재 C의 관점을 가진 사람들도 필자와 유사한 경우일 것이다.
그래서 C의 관점을 가진 누군가가 '성경 본문 중심'으로 한번 구원이 영원하다는 것을 논리적으로 설명하고 또한 구원의 탈락을 경고하고 있는 구절들에 대해 설득력 있는 반증을 한다면 필자는 지금의 확신을 돌이킬 수 있다. 그런 진정성 있는 논의를 기대한다.

추가 설명 11. 구원의 탈락을 경고하는 다른 구절들

다음의 디모데전서 말씀을 보면, 여기에서도 믿음에서 떠나 구원에서 탈락하는 경우를 여러 번 보여 주고 있다.

아들 디모데야 내가 네게 이 교훈으로써 명하노니 전에 너를 지도한 예언을 따라 그것으로 선한 싸움을 싸우며 믿음과 착한 양심을 가지라 어떤 이들은 이 양심을 버렸고 **그 믿음에 관하여는 파선하였느니라** 그 가운데 후메내오와 알렉산더가 있으니 내가 사탄에게 내준 것은 그들로 훈계를 받아 신성을 모독하지 못하게 하려 함이라(딤전 1:18-20).

그러나 성령이 밝히 말씀하시기를 후일에 어떤 사람들이 **믿음에서 떠나** 미혹하는 영과 귀신의 가르침을 따르리라 하셨으니 자기 양심이 화인을 맞아서 외식함으로 거짓말하는 자들이라(딤전 4:1-2).

젊은 과부는 올리지 말지니 이는 정욕으로 그리스도를 배반할 때에 시집가고자 함이니 **처음 믿음을 저버렸으므로 정죄를 받느니라**(딤전 5:11-12).

또한, 다음 말씀들은 음행 등 불의를 행하는 신자들은, 하나님 나라에 들어갈 수 없다고 분명히 말씀하고 있다.

너희는 불의를 행하고 속이는구나 그는 너희 형제로다 불의한 자가 하나님의 나라를 유업으로 받지 못할 줄을 알지 못하느냐 미혹을 받지 말라 음행하는 자나 우상 숭배하는 자나 간음하는 자나 탐색하는 자 남색하는 자나 도적이나 탐욕을 부리는 자나 술 취하는 자나 모욕하는 자나 속여 빼앗는 자들은 하나님의 나라를 유업으로 받지 못하리라(고전 6:8-10).

너희도 정녕 이것을 알거니와 음행하는 자나 더러운 자나 탐하는 자 곧 우상 숭배자는 다 그리스도와 하나님의 나라에서 기업을 얻지 못하리니(엡 5:5).

이외에도 다음과 같은 여러 말씀이 있다.

인자가 아버지의 영광으로 그 천사들과 함께 오리니 그 때 각 사람이 행한 대로 갚으리라 (마 16:27).

너희 자신을 종으로 내주어 누구에게 순종하든지 그 순종함을 받는 자의 종이 되는 줄을 너희가 알지 못하느냐 혹은 죄의 종으로 사망에 이르고 혹은 순종의 종으로 의에 이르느니라(롬 6:16).

이는 우리가 다 반드시 그리스도의 심판대 앞에 나타나게 되어 각각 선악 간에 그 몸으로 행한 것을 따라 받으려 함이라(고후 5:10).

이제는 그의 육체의 죽음으로 말미암아 화목하게 하사 너희를 거룩하고 흠 없고 책망할 것이 없는 자로 그 앞에 세우고자 하셨으니 만일 너희가 믿음에 거하고 터 위에 굳게 서서 너희 들은 바 복음의 소망에서 흔들리지 아니하면 그리하리라 이 복음은 천하 만민에게 전파된 바요 나 바울은 이 복음의 일꾼이 되었노라(골 1:22-23).

기록되었으되 내가 거룩하니 너희도 거룩할지어다 하셨느니라 외모로 보시지 않고 각 사람의 행위대로 심판하시는 이를 너희가 아버지라 부른즉 너희가 나그네로 있을 때를 두려움으로 지내라(벧전 1:16-17).

추가 설명 12. 구원의 확신이란?

권연경은 『행위없는 구원?』에서 다음과 같이 말한다.

엄밀히 말하면 바울이 보여 주는 구원의 확신은 우리가 '구원을 얻었다'는 것이 아니라 '구원을 얻을 것이다'라는 것이다. 우리는 이 미래 시제를 자의적으로 현재로 만들 수 없다. 많은 경우 우리는 그런 언어적 조작을 시도하지만, 이는 신앙의 확신의 문제가 아니라 우리의 불안감을 해소하려는 이기적 강박증의 표현일 뿐이다.

그렇다고 해서 '구원을 얻을 것'이라는 미래적 고백이 확신의 연약함을 의미하는 것은 아니다. 오히려 불확실한 미래를 두고 '구원을 얻을 것이 분명하다'고 말할 수 있는 신앙은 '이미'가 아니면 불안한 사람들의 소아병적 수준을 넘어간다.

십자가처럼 심오한 사랑으로 우리를 도우시는 아버지께서 옆에 계신다면 우리가 미래를 두고 걱정할 이유가 무엇인가? 우리가 바울에게서 발견하는 구원의 확신은 논리적, 교리적 확실성이 아니라 사랑으로 우리를 찾아오시는 하나님께 대한 인격적 신뢰의 열매다(권연경, 『행위없는 구원?』, 229 이하).

김형국은 『제자훈련, 기독교의 생존 방식』에서 다음과 같이 말한다.

바울 사도가 이야기하는 구원의 확신은 과거에 하나님이 나를 위해 하신 일을 보니, 미래의 나를 구원하실 것이 확실하다는 것이다. 참된 구원의 확신은 하나님이 예수 그리스도의 죽음을 통해 보여 주신 사랑에 근거하는 것이지, 나의 확신이나 종교적 체험이나 결단에 근거하지 않는다. 바울이 가르치는 구원의 확신은 예수 그리스도 안에 나타난 하나님의 사랑에 근거해, 미래에 온전히 나타날 구원을 기다리는, 소망의 확신이다. … 구원은 한번 받으면 확실히 보장된다는 그릇된 확신과 단회적 이해가 한국 교회에 팽배한 실정이므로, 하나님 나라 관점에서 구원을 정확하게 이해하는 것은 매우 중요하다(김형국, 『제자훈련, 기독교의 생존 방식』, 216, 255).

김형원은 『기독교신학의 숲 2』에서 다음과 같이 말한다.

살아 있는 믿음의 삶을 살아간다면 종말에 구원을 성취하게 될 것은 분명하지만 아직 그때가 이르지 않았기 때문에 현 상태에서는 미래에 100퍼센트 구원을 받게 될 것이라고 확신할 수는 없다. 지금 우리가 가질 수 있는 확신은 과거적인 표현으로 '내가 구원을 받았다'는 것에 대한 확신이라기보다는 '앞으로 구원을 받게 될 것이다'라는 종말론적인 확신이다.

비록 지금은 믿음의 삶을 살아가지만 미래에 믿음을 배반하고 타락할 가능성도 완전히 배제할 수 없기 때문에 구원에 대한 우리의 확신은 잠정적일 수밖에 없다. 지금 내가 이 믿음의 길을 걸어가고 있으니 이대로만 간다면 구원은 성취될 것이라고 확신할 수 있다는 것이다(김형원, 『기독교신학의 숲 2』, 197).

박대영은 『시험을 만나거든』에서 다음과 같이 말한다.

욕심이 잉태한즉 죄를 낳고 죄가 장성한즉 사망을 낳느니라(약 1:15).

야고보가 지금 믿음의 공동체를 향해 경고하고 있다는 사실을 잊지 말아야 한다. 잘 믿고 있다가도 영적 사망에 이를 수 있다고 말한다. 우리 삶에 대한 평가는 인생 전체로 확대해야 한다.

모든 시험의 여정이 다 끝난 다음에 "착하고 충성된 종아, 너는 하나님을 진실로 사랑했구나. 하나님께 죽도록 충성했구나. 하나님이 보시기에 온전하고 흠이 없구나"라는 평가를 받아야 한다. 그렇지 않으면 '생명의 면류관'을 받지 못하고 '사망'을 받게 될 것이다(박대영, 『시험을 만나거든』, 91).

안용성은 『로마서와 하나님 나라』에서 다음과 같이 말한다.

우리의 구원은 확실하다. 그런데 그 확실성은 견고한 교리적 시스템 때문이 아니라 하나님 때문이다. 그래서 우리의 믿음의 대상은 교리가 아니라 하나님이시다. 우리의 믿음은 어떤 사실을 받아들이는 데서 그치지 않고, 그 사실의 주체이신 하나님과 친밀한 언약 관계를 맺는 것으로 정의된다. 그러므로 우리 구원의 확실성 역시 어떤 사실이나 시스템에 달려 있지 않고 하나님 그분께 달린 것이다.

물론 이 확실성은 하나님과의 관계가 유지된다는 전제에서만 분명하다. 다시 말해 우리가 하나님과의 관계에 머물러 있는 한, 우리가 하나님의 주되심을 인정하고 그 주되심 안에 살아가는 한 하나님은 결코 우리를 버리지 않으신다. 어떤 피조물도 우리를 하나님의 사랑으로부터 끊을 수 없다. 그래서 우리는 구원의 확신을 가질 수 있다(안용성, 『로마서와 하나님 나라』, 317).

정용섭은 『목사 구원』에서 다음과 같이 말한다.

'구원을 받았나'라는 단도직입적인 질문에 대한 내 대답은 다음과 같다. "나는 이미 구원받았다는 사실과 아직은 아니라는 사실의 변증법적 긴장 가운데서 살아간다."
이것은 하나님 나라가 '이미'(already)와 '아직 아님'(not yet)의 변증법적 긴장 가운데 놓여 있다는 명제와 궤를 같이하는 대답이다. 너무 뻔한 대답이라거나 구원의 확신이 없으니 신학적으로 에둘러 대답하는 것뿐이라고 생각할 사람들도 있겠지만, 이것이 하나님을 아직 얼굴을 맞대는 방식으로 직면하지 못한 사람에게서 나올 수 있는 최선의 대답이다. 어쨌든 구원의 '이미'와 '아직 아님'의 변증법적 긴장 가운데서 살아가는 내 실존을 '시를 쓰는 태도'로 표현해 보려고 한다.
… 예수와의 일치, 즉 예수 안에 존재하는 것은 말처럼 쉬운 것이 아니다. 오죽했으면 바울이 구원을 이미 얻었거나 이룬 것이 아니라 다만 예수에게 잡혀서 그것을 잡으려고 달려간다고 고백했겠는가?(빌 3:12)
이것은 종교적 덕담이 아니라 실존의 깊이에서 터져 나오는 진솔한 고백이자 외침이고 절규다. 이런 절규 앞에서 나는 부끄러워지고, 다시 용맹정진의 자세를 가다듬는다(정용섭, 『목사 구원』, 69, 106).

추가 설명 13. 구원의 확신 (박영돈, 『톰 라이트 칭의론 다시 읽기』, 203, 207 참조. 본고의 논지와는 다른 내용)

수많은 의문이 제기된다.

신자가 성령을 따라 얼마나 의롭고 거룩하게 살아야 마지막에 의롭다 함을 얻을 것이라고 지금 확신하겠는가?
그것을 가늠하는 척도는 무엇인가?
어느 정도 신실한 삶을 살아야 그런 확신이 가능한가?
우리의 변화무쌍한 삶의 상태에 따라 그 확신은 요동칠 수밖에 없지 않겠는가?
사람마다 성화의 수준은 천차만별일 텐데 무엇을 기준으로 최종 칭의의 판결이 내려진다는 말인가?
우리가 마지막 심판을 통과할 수 있는 거룩함의 경지에 이를 수 있다고 무엇이 보장하는가?
단순히 하나님의 사랑과 성령의 은혜가 그것을 보장한다고 말할 수는 없지 않은가?
그 성화의 수준까지 이르는 것은 성령의 도움이 있어야 하지만 결국 우리가 감당해야 할 몫이 아닌가?

… 그러나 성화는 결코 칭의의 근거가 될 수는 없다. 칭의는 예수 그리스도가 십자가와 부활로 이루신 완전한 의로움에 근거해 영 단번에 내려진 판결이니 성화의 진전이 있다고 발전하거나 부진하다고 조금이라도 무효화되거나 최소될 수 없다. 라일(Ryle)이 말했듯이, 천국에 있는 성도들도 우리보다 더 칭의되지는 않았다. 지금 우리가 서 있는 영원한 칭의의 반석은 우리가 연약하거나 성화가 더디다고 해서 결코 흔들리거나 변개될 수 없을 뿐 아니라 우리의 의로움으로 보완되거나 강화될 수 없다.

7. 상급(賞給)이 있는가?

나는 시골의 초등학교 시절에 상(賞)을 많이 받았다. 그래서 나는 어깨를 으쓱거리며, 여느 시골 촌놈들과는 다른 존재임을 과시했다. 상이란 존재의 차별성을 보여 주는 표지이다.

그렇다면 하나님 나라에서의 상은 어떤 의미가 있는가?
하나님 나라에서는 그 백성들끼리 어떤 차별성이 있는가?
성경에는 상과 연관되어 보이는 말씀들이 여러 곳 있다!
그렇다면 구원 이후에 추가적인 상급이 있는 것인가?

각 사람의 공적이 나타날 터인데 그 날이 공적을 밝히리니 이는 불로 나타내고 그 불이 각 사람의 공적이 어떠한 것을 시험할 것임이라 만일 누구든지 그 위에 세운 공적이 그대로 있으면 상을 받고 누구든지 그 공적이 불타면 해를 받으리니 그러나 자신은 구원을 받되 불 가운데서 받은 것 같으리라(고전 3:13-15).

운동장에서 달음질하는 자들이 다 달릴지라도 오직 상을 받는 사람은 한 사람인 줄을 너희가 알지 못하느냐 너희도 상을 받도록 이와 같이 달음질하라 이기기를 다투는 자마다 모든 일에 절제하나니 그들은 썩을 승리자의 관을 얻고자 하되 우리는 썩지 아니할 것을 얻고자 하노라(고전 9:24-25).

이는 우리가 다 반드시 그리스도의 심판대 앞에 나타나게 되어 각각 선악간에 그 몸으로 행한 것을 따라 받으려 함이라(고후 5:10).

그리하면 목자장이 나타나실 때에 시들지 아니하는 영광의 관을 얻으리라(벧전 5:4).

전통적인 구원관에 의하면, 구원받은 사람은 누구나 똑같이 천국에 가는 것은 확정되었고, 다만 이 땅에서의 삶에 따라 상급이 있다. 따라서 그 상급에 대한 소망이, 이 땅에서 주님께 대한 헌신의 동기가 될 수도 있다. 물론 이런 상급과 무관하게 순수한 동기로 주님을 사랑하는 사람도 많을 것이다.[21]

그러나 추가적인 상급이 있다는 가르침은, 성과주의와 경쟁의식(십자가의 道와는 정반대의 길)을 부추길 수 있는 위험성이 있다. 그리고 이런 가르침의 가장 치명적인 약점은 결국 나의 행위가 부각된다는 것이다. 구원이 행위와 무관하게 우리에게 은혜로 주어졌듯이, 구원 이후의 양육(성화) 과정도 동일에게 우리에게 은혜로 주어졌음을 이미 앞에서 살펴보았다.

> 모든 사람에게 구원을 주시는 하나님의 은혜가 나타나 우리를 양육하시되 경건하지 않은 것과 이 세상 정욕을 다 버리고 신중함과 의로움과 경건함으로 이 세상에 살고 (딛 2:11-12).

따라서 구원 이후의 삶에서(양육 과정) 나의 행위가 부각되어 상급을 얻게 된다는 것은 성경적인 가르침으로 보기 어렵다.

이와는 대조적으로 구원을 평생 이루어 가는 과정으로 보면, 구원 그 자체가 상이며 예수님 그분이 상급의 전부이다. 그러므로 구원론과 상급론은 '함께'(pair) 논의될 수밖에 없다.

상급론도 방대한 주제이기 때문에 여기에서 다루는 데에는 한계가 있다. 그러나 지금까지의 논의를 따라서 생각해 본다면, 우리에게 은혜로 주어진 구원이, 상급의 전부이다. 성경에 나오는 상급에 대한 여러 말씀은,

---

21 전통적인 구원관(C)을 가진 사람들이 전부 상급이 있음을 주장하는 것은 아니다. C 중에도 상급이 없다고 믿는 사람이 있다. 또한, A의 입장에 있는 사람이 모두 상급이 없다고 믿는 것이 아니다. A 중에도 상급이 있다고 믿는 사람도 있다. 그러나 대체적으로 C는 상급이 있음을 믿고, A는 상급이 없다고 믿는 편이다.

우리에게 주어진 구원의 풍성함을 여러 모습으로 묘사한 문학적인 표현들이다.

내가 받은 구원이 주님의 은혜임을 아는 사람에게는, 자신에게 주어지는 추가적인 상급을 부담스러워하며 원치 않을 것이다. 그리고 자신이 다른 성도들보다 더 우월한 대우를 받게 된다면(그것도 영원토록) 그것을 불편하게 여길 것이다. 이것이 한 몸된 공동체끼리 갖게 되는 자연스러운 자세이다.

만약 상(賞)이 있다면 마태복음 20장의 포도원 품꾼의 비유에서와 같이 모든 사람이 똑같은 상을 받을 것이다. 똑같은 상을 받는다면 굳이 상이라 할 것도 없는 것이다. 따라서 주님의 은혜를 아는 사람의 고백은, 다음과 같을 수밖에 없을 것이다.

> 너희 중 누구에게 밭을 갈거나 양을 치거나 하는 종이 있어 밭에서 돌아오면 그더러 곧 와 앉아서 먹으라 말할 자가 있느냐 도리어 그더러 내 먹을 것을 준비하고 띠를 띠고 내가 먹고 마시는 동안에 수종들고 너는 그 후에 먹고 마시라 하지 않겠느냐 **명한 대로 하였다고 종에게 감사하겠느냐 이와 같이 너희도 명령 받은 것을 다 행한 후에 이르기를 우리는 무익한 종이라 우리가 하여야 할 일을 한 것뿐이라 할지니라** (눅 17:7-10).

지도자들에 대한 경고

> 내 형제들아 너희는 선생된 우리가 더 큰 심판을 받을 줄 알고 선생이 많이 되지 말라(약 3:1).

위 말씀에서 지도자에 대한 심판은 더 엄하다고 했다.

그렇다면 이 심판이란 상급과 관계된 것인가 또는 구원과 관계된 것인가?

알지 못하고 맞을 일을 행한 종은 적게 맞으리라 무릇 많이 받은 자에게는 많이 요구할 것이요 많이 맡은 자에게는 많이 달라 할 것이니라(눅 12:48).

일반적으로 지도자들은 주님으로부터 많은 은사(예. 다섯 달란트)를 받은 자들이다. 이들은 많이 받은 것을 많이 돌려줘야 하는 청지기로서의 책임이 있다. 만일 이들이 받은 바 은혜에 합당한 삶을 살지 못한다면 이들은 '악하고 게으른 종'(마 25:26)이라고 책망을 받을 것이다.

그렇다면 이런 책망은, 상급과 관계된 것인가 또는 구원과 관계된 것인가?

내가 내 몸을 쳐 복종하게 함은 내가 남에게 전파한 후에 자신이 도리어 버림을 당할까 두려워함이로다(고전 9:27).

위 말씀은 남에게 복음을 전하는 지도자로서의 바울이, 상급을 잃을 것에 대한 두려움이 아니라 구원의 탈락에 대한 두려움으로 보는 것이 타당함을 이미 살펴보았다.

추가 설명 14. 상급론(윤종하,『하나님의 지혜인 십자가』, 154)

윤종하는『하나님의 지혜인 십자가』에서 다음과 같이 말한다.

상급에 대한 오해가 너무나 많습니다. 하나님의 나라에 상급의 차이가 있다면 문제가 심각합니다. 행위를 부정하며 행위 구원론은 틀렸다고 강변하는 이들이 자기 행위로 얻는 상급론을 주장하는 것은 모순입니다. 모든 것은 은혜인데 보상을 바라는 것은 잘못입니다. 물론 하나님은 우리 모두에게 동일한 상급을 주십니다. 그 상급은 생명의 면류관(영생)과 의의 면류관

(의로워짐), 영광의 면류관(영광스러움) 등인데 이는 모든 사람이 다 같이 받아 누리는 것입니다.

구원받는 자에게는 하나님 나라가 기업으로 주어집니다. 그 나라는 우리 아버지 하나님의 나라인데 우리에게 주셔서 우리가 그 나라의 모든 것을 내 것으로 누리게 됩니다. 거기에는 제한이 없습니다. 아예 바깥 어두운 데로 쫓겨나는 자들은 있지만, 나라를 부분적으로 누리는 사람은 없습니다.

닫는 글

한국 교회가 변화되어야 한다는 외침은 어제 오늘의 일이 아니다. 그런데 그 변화를 가능하게 하는 동력 중의 하나는, 복음에 대한 바른 이해이다. 그동안 한국 교회가 고수해 온 전통적인 구원관을, 이제는 교계 전체적으로 재고하여 보아야 할 시점에 이른 것 같다. 개인 구원과 은혜주의의 틀에서 벗어나 성경 본문을 중심으로 하나님 나라와 구속사적 맥락에서 구원론을 다시 정립해야 할 것이다.

첫째, 신학적이고 철학적인 논증을 떠나 문맥을 중시하면서 성경 본문만을 놓고 보더라도, 한번 구원은 영원한 구원이라는 사상을 지지하는 본문은 찾기가 어렵다는 것이다.

둘째, 구원론뿐 아니라 하나님 나라에 대한 전체적인 내용(특히 교회론)이 성경 본문 중심으로 연구되고 그 복음의 진리가 공동체에 잘 전수되어져야 할 것이다. 올바른 가르침이 건강한 교회 공동체의 기반이 되기 때문이다.

셋째, 끝으로 강조하고자 하는 것은 구원에 관한 두 기둥을 잘 세워야 한다는 것이다.

두 가지 기둥은 다음과 같다.

첫째 기둥은 '명확한' 회심이다.

이것이 출발이다. 건강한 출산이 성장을 보장한다. 예수님이 부자 청년에게 도전했듯이, 복음의 진리가 가감 없이 선포되어야 한다. 물론 지혜와 분별이 필요한 것은 사실이다. 복음의 문을 두드리고 있는 구도자(seeker)마다 그 수준이 다르기 때문에, 일률적으로 부자 청년에게와 같은 도전을 할 수는 없을 것이다.

그러나 충분히 복음이 소개된 후 세례를 받게 될 무렵에는 이런 명확한 초청이 있어야 한다. 세례 문답이 깊이 있게 이루어져야 할 것이다. 그래서 세례 받는 것을 신중히 생각하고 고민할 수 있어야 한다. 세례를, 단지 교인이 되기 위한 통과 의례 정도로 쉽게 생각하게 해서는 안 된다.

베드로는 예수님을 처음 만나고 일 년쯤 지났을 때, 예수님의 말씀에 의지해 그물을 내렸더니 그물이 찢어지도록 고기를 잡을 수 있었다(눅 5장). 그때야 비로소 그는 예수님이 메시아임을 깨닫고 그 앞에 엎드렸다. 그러면서 자신은 죄인이니 자신을 떠나 달라고 요청했다. 예수님을 따르는 것이 두려웠던 것이다.

이렇게 베드로와 같은 고민이 없이 주님을 따르겠다고 한다면, 이것은 아직 자신의 주인을 바꾸겠다는 의식과 의지적 결심이 부족한 것일 수 있다. 자신의 주인이 바뀌는 것에 대한 고민과 갈등이 당연히 있어야 한다.

복음의 문턱을 낮춰서는 안 된다. 복음이 있는 그대로 충실하게 전해져야 한다. 예수를 믿는다는 것은, 나의 죽음이 동반되는 것임을 알아야 한다. 본훼퍼의 말처럼 예수님이 우리를 부를 때에는, 죽으라고 부른 것이다. 자아가 죽어야 부활하신 그리스도께서 주시는 새 생명으로 산다는 것을 알아야 한다.

예수님과 사도들이 분명하게 복음을 제시하자 많은 사람이 물러났다. 현재 교회 내에서도 이런 현상을 두려워해서는 안 될 것이다. 교회 생활을 오래 한 것이 구원을 보장하는 듯한 거짓 안전감을 심어 주어서는 안 된다. 예레미야 시대의 거짓 선지자들이 그러했다. 예레미야는 끊임없이 위험을 경고한 반면 거짓 선지자들은 안전을 외쳤으나 결국 패망했다.

물론 복음으로의 초대에 있어 강조되어야 할 것은, 하나님의 사랑과 은혜이다. 이것이 복음의 핵심이다. 그런데 그동안 하나님의 사랑과 은혜에 대한 가르침에 비해, 우리 자신의 책임에 대한 가르침은 다소 소홀했던 것 같다. 균형 있는 가르침이 필요하다.

둘째 기둥은 '두렵고 떨림으로'(하나님을 경외하는 건강한 긴장감) 그 구원을 이루어 가는 것이다.

이 글은 둘째 기둥에 관한 글이지만, 앞서 언급한 첫째 기둥이 제대로 세워지지 않는다면 이 둘째 기둥은 의미가 없는 것이다. 마치 구원의 학교에 아직 입학(출애굽)하지도 못한 사람의 졸업(구원의 완성)을 걱정하는 것과 같다.

둘째 기둥 즉 구원을 이루어 가는 길은 한마디로 자기 부인의 길이다. 내적 성숙 즉 성령의 열매를 맺어 가는 길이요 그리스도를 닮아가는 길이다. 구원을 이루어 가는 이 광야 여행의 길에서는 다음 '두 가지 동행'이 필수적이다.

<u>먼저 말씀과의 동행이 있어야 한다.</u> 구원이란, 그리스도가 왕인 새로운 공동체로 들어가는 것이다. 그래서 그 나라 백성들과 더불어 그 나라의 질서와 법도를 따라 살아가는 것이다. 그런데 왕의 뜻을 올바로 알고 그 통치를 잘 받기 위해서는, 계속 왕의 말씀을 들어야 한다. 그러므로 그리스도와 말씀을 통한 소통이 지속되지 않는 사람은, 구원받은 하나님 나라의 백성으로 살아갈 수 없는 것이다. 다음 말씀에서는 하나님의 뜻대로 행하는 자가 천국에 들어갈 수 있다고 했다.

> 나더러 주여 주여 하는 자마다 다 천국에 들어갈 것이 아니요 다만 하늘에 계신 내 아버지의 뜻대로 행하는 자라야 들어가리라(마 7:21).

좋아 보이는 일이 다 하나님의 뜻이 아니다. 내 뜻일 수도 있다. 하나님의 뜻을 제대로 알기 위해서는 이미 성경에 기록된 확정적인 뜻(십계명 등) 외에 수시로 나를 향한 하나님의 뜻이 무엇인지 하나님께 묻고 들어야 한다.

> 주의 말씀은 내 발에 등이요 내 길에 빛이니이다(시 119:105).

이런 하나님과의 소통은 일반적으로 말씀을 통해 이루어진다. 그래서 말씀과의 동행이 절대적으로 필요한 것이다.

> 그 날에 많은 사람이 나더러 이르되 주여 주여 우리가 주의 이름으로 선지자 노릇 하며 주의 이름으로 귀신을 쫓아 내며 주의 이름으로 많은 권능을 행하지 아니하였 나이까 하리니 그 때에 내가 그들에게 밝히 말하되 내가 너희를 도무지 알지 못하니 불법을 행하는 자들아 내게서 떠나가라 하리라 (마 7:22-23).

만일 하나님의 뜻을 제대로 모르고 내 뜻대로(내가 좋아 보이는 대로) 놀라운 사역을 한다면, 그것은 하나님과 상관이 없을 수 있다. 상관이 없을 뿐 아니라 위 말씀처럼 이런 사람은 결국 구원을 받지 못할 수도 있다는 것이다. 실로 엄중한 경고이다. 이처럼 하나님 나라 백성은 내 뜻은 내려놓고 (그 일이 아무리 훌륭한 일이어도) 통치자인 주님의 뜻을 좇아 살아야 한다.

<u>다음에는 공동체와의 동행이 있어야 한다</u>. 구원받은 하나님 나라 백성은, 그리스도를 머리로 하여 한 몸을 이루는 연합된 지체들이다. 따라서 머리인 그리스도에게 속해 있는 사람은, 그와 동시에 몸 안의 다른 지체들과 필연적으로 연결되어 있다.

그리스도와는 연결되어 있지만, 다른 지체와는 연결되어 있지 않은 지체란 있을 수 없다. 그래서 교회를 그리스도의 몸이라 할 때, 교회 밖에는 구원이 있을 수 없는 것이다.

이처럼 구원받은 하나님 나라 백성은, 공동체와의 연합이 필수적이다. 하나님 사랑과 이웃 사랑이 따로 분리될 수가 없는 것이다. 그런 의미에서 구원이란, 성도 개인에게 주어지면서 동시에 공동체적으로 주어지는 것이라 할 수 있다. 다음 구절들은, 하나님이 교회 공동체를 통해 구원을 이루어 가심을 말씀하고 있다.

그의 안에서 건물마다 서로 연결하여 주 안에서 성전이 되어 가고 너희도 성령 안에서 하나님이 거하실 처소가 되기 위하여 그리스도 예수 안에서 함께 지어져 가느니라 (엡 2:21-22).

또 내가 보매 거룩한 성 새 예루살렘이 하나님께로부터 하늘에서 내려오니 그 준비한 것이 신부가 남편을 위하여 단장한 것 같더라 … 일곱 대접을 가지고 마지막 일곱 재앙을 담은 일곱 천사 중 하나가 나아와서 내게 말하여 이르되 이리 오라 내가 신부 곧 어린 양의 아내를 네게 보이리라 하고 성령으로 나를 데리고 크고 높은 산으로 올라가 하나님께로부터 하늘에서 내려오는 거룩한 성 예루살렘을 보이니 (계 21:2, 9-10).

구원을 공동체적 개념으로 본다는 것은, 구원이 과거 어느 순간 개인적으로 소유하고 끝나 버리는 것이 아니라는 것이다. 구원은 하나님과의 관계와 공동체와의 관계 가운데 계속 이루어 가는 과정인 것이다. 따라서 공동체 중의 어떤 지체가 약해지거나 강해지면, 그만큼 나의 구원을 이루어 가는 면에서도 영향을 받게 되는 것이다. 즉, 공동체 지체끼리는 피차 영향을 주고받는 것이다.

이상 살펴본 바와 같이 말씀과의 동행과 공동체와의 동행은, 광야 여행에서의 불기둥과 구름기둥과 같은 것이다. 이것이 없이는 다시 애굽으로 돌아갈 수도 있을 것이다. 그리고 예수가 너무 좋은 신랑이지만, 이혼의 가능성도 있다는 것을 알아야 한다. 예루살렘 성전은 절대 안전하다(성전불패 사상)는 잘못된 신앙관을 가졌던 이스라엘 백성들은 결국 그 성전과 함께 패망하고 말았다. 마찬가지로 '한번 구원은 영원한 구원'이라는 잘못된 안전감을 붙잡고 있을 것이 아니라, 살아 계시고 불꽃 같은 눈으로 우리를 보고 계시는 하나님의 품 안에서 안전과 만족을 누려야 할 것이다.

지금 교회 내에서 시급한 것은, 두 가지 거짓된 안전감에서 벗어나는 것이다. 그중 하나는, 신앙 경력이나 종교 활동이 구원을 보장하지 못한다는 것이다. 다른 하나는, 예수를 주인으로 모셔 들였던 그 한번의 결단과 헌신과 믿음이, 구원의 완성을 보장하지 못한다는 것이다.

이 두 가지 거짓 안전감에서 벗어나야, 비로소 두 기둥(명확한 회심 그리고 두렵고 떨림으로 구원을 이루어 감)을 제대로 세울 수 있을 것이다.

만일 교회 내에 이 두 가지 기둥이 제대로 잘 세워진다면, 그 교회는 달라질 것이다. 복음의 능력이 드러날 것이고 생명력 있는 공동체로 거듭날 것이다. 이를 위하여 먼저 선행되어야 할 것은, 이 두 기둥에 대한 성경적인 가르침이다. 가르침이 먼저다. 아는 만큼 보인다. 그리고 보이는 만큼 그 길을 걸을 수 있다.

추가 설명 15. 새로운 구원론을 위한 제언

김형국은 『사도행전과 하나님 나라』에서 다음과 같이 말한다.

> 십자가의 복음을 이야기할 때 하나님 나라가 빠져 있다면, 그것은 이미 십자가의 복음이 아닙니다. 원래 하나님 나라의 복음과 십자가의 복음은 똑같은 것입니다. 그런데 하나님 나라를 빼먹고 십자가와 속죄만 이야기하는 복음을 믿고 있다면, 그것은 십자가의 복음이 아닙니다.
> 왜냐하면, 십자가는 이 세상을 향해 쏟으시는 하나님의 진노를 메시아가 오셔서 대신 받으신 것이기 때문입니다. 그 십자가가 내 죄를 사하는 정도의 수준에서 복음을 믿고 있다면 그 십자가의 복음은 반쪽 짜리입니다. 십자가의 복음을 전하면서 하나님 나라를 빼고 말한다면, 그것은 바울이 전한 복음도, 예수가 전한 복음도, 초대 교회가 믿은 복음도 아닙니다
> (김형국, 『사도행전과 하나님 나라』, 80 이하).

신광은은 『천하무적 아르뱅주의』에서 다음과 같이 말한다.

오늘날 한국 교회에게 주어진 가장 큰 과제 중 하나는 '복음을 회복하는 것'이다. 다소 진부하고 흔해 빠진 슬로건이라서 고민되긴 했지만 달리 표현할 방법이 없다. 지금 한국 교회가 처한 상황은 참된 복음이 다시 들려져야 하는 상황이다. 거짓 복음이 난무하고 있기 때문이다.

<u>복음을 회복한다는 말을 신학적으로 바꿔 말하면 "구원론을 재정립하자"는 것이다.</u> 거짓된 구원론이 한국 교회를 유린하고 있다. 거짓 구원론에서 해방되어 참 구원의 도를 전하고 배우지 않으면 안된다.

김세윤 박사의 말처럼 오늘날 한국 교회의 구원론은 '사실상' 구원파의 구원론과 다르지 않다. 이런 구원론을 아르뱅주의라고 이름 붙였다. 이 아르뱅주의는 아르미니우스주의식 예수 영접과 칼빈주의의 견인 교리를 적당히 버무려 만든 최악의 구원론이다(신광은, 『천하무적 아르뱅주의』, 398).

정성국은 『묵상과 해석』에서 다음과 같이 말한다.

'믿음으로 구원받는다'라는 한마디 명제로 기독교의 진리를 요약하는 것은 옳은 일인가?
성경 전체의 맥락을 떠났을 때, 그 '믿음'과 '구원'은 어떻게 변질되는가?
오늘날 '믿음'과 '구원'을 소유하고 있다고 고백하지만, 정작 하나님의 다스림 속에서 예수님을 따르기를 거부하는 사람들로 교회가 채워지게 된 것은 그 공동체가 '축소된 복음'을 가르쳐 온 결과다. 복음이 축소되었다는 것은 성경 이야기 전체가 말하는 복음을 가르치지 않았다는 말이고, 성경 이야기의 원래 문맥에서 떠났다는 말이다. 하나님의 이야기 전체를 담아내지 못하는 해석학과 해석 공동체는 지속 가능할 수 없다. <u>이제라도 우리는 빼앗길 수 없는 '나의 구원'이란 것이 애초부터 없었고, 예수 그리스도께서 얻은 구원을 '그 안에서' 나누어 가진다는 예수님의 이야기에 근거한 구원론을 가르쳐야 한다.</u> 예수 그리스도와의 관계를 떠나서는 구원을 생각할 수 없다는 말이다(정성국, 『묵상과 해석』, 280 이하).

전체 요약

　＊ 성경에서의 복음에 대한 대부분의 진술은, 십자가와 함께 부활을 포함한 '하나님 나라'와 연관되어 있다. 그러므로 '구원'에 대한 고찰은, 성경의 큰 주제인 하나님 나라의 틀 안에서 이루어져야 한다.

　하나님 나라는 이미(already) 우리에게 임했지만 아직(not yet) 완성되지 않았다. 동일한 맥락으로 구원 역시 이미 우리에게 주어졌지만 아직 완성되지 않았고 진행 중에 있다. 구원이란 과거 어느 한순간에 끝나 버린 '사건'이 아니라, 과거/현재/미래로 이어지는 '과정'이다.

　칼빈 역시 구원을 '일생에 걸친 과정'(life long process)으로 정의했다. 그러나 그 후 칼빈주의자들에 의하여 '성도의 견인'(Perseverance) 등과 같은 내용으로 변모되고 교리화되었다.

　구원의 과정은 이스라엘 백성의 출애굽 여정을 통하여 잘 이해할 수 있다. ① 출애굽(과거의 구원) → ② 광야 여정(현재의 구원) → ③ 가나안 입성(미래의 구원)으로 이어지는 전(全) 여정을 거쳐 출애굽이 완성된다. 애굽에서 나오기만 하는 것으로 끝나는 출애굽은 있을 수 없다.

　하나님 나라 백성의 구원 여정 역시 동일한 구도(構圖)로 이해할 수 있다. ① 주님을 왕으로 영접(get in, 과거) → ② 주님을 왕으로 모시는 삶(stay in, 현재) → ③ 완성된 하나님 나라 입성(complete in, 미래)으로 이루어진다.

　이처럼 구원이란 한번 얻으면 끝나는(확보되는) '소유'의 개념(고정적인 것)이 아니라, 왕이신 하나님과의 인격적인 '관계'의 개념(가변적인 것)으로 이해해야 한다.

　＊ 위와 같은 관점에서 구원을 정의한다면, 구원이란 다음 말씀처럼 사탄의 권세에서(From) 하나님 나라로(To) 옮겨지는 것이다.

> 그가 우리를 흑암의 권세에서 건져 내사 그의 사랑의 아들의 나라로 옮기셨으니
> (골 1:13).

사탄의 권세에서 하나님의 나라로 이동했다는 것은, 세상의 질서를 따라서 살다가 하나님께서 통치하시는 나라로 들어갔다는 것이다. 즉, 구원이란 하나님의 다스림을 받는 것이다.

> 자기 땅에 오매 자기 백성이 영접하지 아니하였으나 영접하는 자 곧 그 이름을 믿는 자들에게는 하나님의 자녀가 되는 권세를 주셨으니(요 1:11-12).

위 말씀과 같이 '자기 땅'에 오신 왕을 나의 왕과 주인으로 '영접'하는 것이 곧 '믿음'이며, 이를 통하여 우리가 하나님의 자녀로 받아들여지게 되고 하나님 나라 백성의 삶이 시작되는 것이다. 우리는 주님을 왕으로 모시고 그분의 다스림을 받고 살아가면서(순종), 주님의 보호를 받고 구원의 완성을 향하여 나아가게 된다.

그러나 왕이신 하나님께 순종하지 않으면, 즉 그분의 다스림을 받고 살아가지 않으면, 하나님과의 관계가 끊어져 영적 죽음의 상태(범죄 후의 아담과 하와의 경우처럼)에 이르게 된다. 따라서 구원받은 하나님 나라 백성이라면 '현재' 하나님께 순종하여 그 나라 법을 따라서 살고 있어야 한다.

* 그런데 '현재' 하나님께 순종한다는 의미는, 처음 주님을 왕으로 영접할 때의 믿음(요 1:12)을 아래 말씀과 같이 '현재' 계속 가지고 있다는 것이며, 이로 말미암아 종국에는 구원이 완성되는 것이다.

> 우리가 처음 믿을 때에 가졌던 확신을 끝까지 가지고 있으면, 우리는 그리스도께서 주시는 구원을 함께 누리는 사람이 될 것입니다(히 3:14, 새번역)

즉, 믿음이 있다는 것과 순종(행함)한다는 것은, 아래 말씀에서 보듯이 본질상 동일한 것이다.

> 또 하나님이 누구에게 맹세하사 그의 안식에 들어오지 못하리라 하셨느냐 곧 **순종하지 아니하던** 자들에게가 아니냐 이로 보건대 그들이 **믿지 아니하므로** 능히 들어가지 못한 것이라(히 3:18-19).

순종(행함)하는 사람은 믿음이 있는 것이며, 믿음이 있는 사람은 행함으로 그 믿음을 나타내는 것이다.

> 네가 보거니와 믿음이 그의 행함과 함께 일하고 행함으로 믿음이 온전하게 되었느니라(약 2:22).

우리가 구원받는 데 있어서, 구원 이전의 사전적(事前的) 행함은 요구되지 않는다. 만약 구원받기 이전의 행함이 요구된다면, 그것은 공로주의이며 또한 행위 구원이라 할 수 있을 것이다. 그렇지만 구원받은 이후의 행함 즉 사후적(事後的) 행함은 우리에게 요구된다. 하나님께 대한 순종 곧 믿음에서 나오는 그 행함이 바로 현재 우리가 구원을 이루어가고 있다는 증표이다.

다음 말씀에서 9절의 '행위'는 사전적(事前的) 행함이며, 10절의 '선한 일'과 '행함'은 사후적(事後的) 행함을 뜻한다.

> ⁸너희는 그 은혜에 의하여 믿음으로 말미암아 구원을 받았으니 이것은 너희에게서 난 것이 아니요 하나님의 선물이라 ⁹**행위에서 난 것이 아니니** 이는 누구든지 자랑하지 못하게 함이라 ¹⁰우리는 그가 만드신 바라 그리스도 예수 안에서 **선한 일을 위하여** 지으심을 받은 자니 이 일은 하나님이 전에 예비하사 우리로 그 가운데서 **행하게 하려** 하심이니라(엡 2:8-10).

결과적으로 행함(사후적)이 구원의 조건이 된다고 할 수 있다.

그렇다면 처음 구원을 받을 때에는(get in) 은혜로 받지만, 그 후에는 나의 행함(노력)에 의하여 구원이 이루어지고(stay in) 완성되는(complete in) 것인가?

그렇지 않다. 아래 말씀처럼 get in 이후의 양육 과정(stay in) 역시 동일한 주님의 은혜로 이루어진다.

> **모든 사람에게 구원을 주시는 하나님의 은혜가 나타나 우리를 양육하시되** 경건하지 않은 것과 이 세상 정욕을 다 버리고 신중함과 의로움과 경건함으로 이 세상에 살고 (딛 2:11-12).

이와 같이 구원의 모든 과정이 주님의 은혜로 이루어지지만 **동시에** 우리의 반응이 요구된다. 그 믿음의 반응이 곧 행함으로 나타나게 되는 것이다.

＊ 그런데 하나님의 은혜에 대하여 우리가 올바른 반응을 할 수 있도록 도우시는 분이 바로 성령이시다. 이 성령을 통하여 다음 말씀처럼 우리가 주님의 규례를 지킬(순종) 수 있게 되는 것이다. 이것이 바로 그리스도 예수 안에서 이루어 주신 새 언약이다.

> 또 내 영을 너희 속에 두어 너희로 내 율례를 행하게 하리니 너희가 내 규례를 지켜 행할지라(겔 36:27).

이처럼 우리가 성령을 따라 행할 때에, 아래 말씀처럼 율법의 요구에 부응하는 언약 백성으로 살 수 있게 되는 것이다. 순종은 언약 백성의 표지이다.

육신을 따르지 않고 그 영을 따라 행하는 **우리에게 율법의 요구가 이루어지게 하려 하심이니라**(롬 8:4).

따라서 만약 우리가 육신을 따라 불순종하면서 성령을 따라 행하지 않으면, 아래 말씀처럼 영적으로 죽게(구원의 탈락) 된다.

너희가 육신대로 살면 반드시 죽을 것이로되 영으로써 몸의 행실을 죽이면 살리니(롬 8:13).

그러므로 은혜가 구원을 받은 이후의 모든 삶을 덮어 주기 때문에 구원은 보장된다고 하는 것은, 은혜에 대한 오해(誤解)이며 오용(誤用)이다. 이것은 바른 복음이 아니다. 구원의 과정에서 순종이 면제된다는 언급은 성경 어디에도 없다.

* 하나님께 순종한다는 것은, 우리의 왕되신 주님과 인격적으로 연합하는 것이다. 연합한다는 것은, 아래 말씀과 같이 주님처럼 죽고 주님처럼 부활하는 것이다.

만일 우리가 그의 죽으심과 같은 모양으로 연합한 자가 되었으면 또한 그의 부활과 같은 모양으로 연합한 자도 되리라(롬 6:5).

내가 죽는다는 것은, 한번의 죽음(get in)으로 끝나는 것이 아니라 매일 죽어야 하는 것이다(stay in). 매일 죽는다는 것은, 매일의 삶에서 주님을 왕으로 모시고 자기를 부인하며 하나님 나라 백성으로서 부활의 삶을 이 땅에서 살아내는 것(stay in)이다. 이런 삶을 사는 사람에게는 종국적으로 육체의 부활(complete in)이 주어질 것이다.

아무든지 나를 따라오려거든 자기를 부인하고 날마다 제 십자가를 지고 나를 따를 것이니라(눅 9:23).

이처럼 구원을 현재의 삶과 연결된 역동적인 것(하나님의 뜻이 하늘에서 이루어지듯 땅에서도 이루어지는 것)으로 이해할 때, 구원받은 하나님 나라 백성에게 도덕적이고 윤리적인 삶은 당연한 것으로 드러나게 된다.

아직도 한국의 많은 교회와 그리스도인이 '십자가의 속죄' 위주의 전통적 교리에 매여서 구원을 하나님 나라 관점에서 총체적으로 이해하지 못하고 있는 것이 현실이다. 이러한 구원에 대한 잘못된 이해가, 우리 교회의 아름다운 모습을 온전하게 드러내지 못하게 하는 주요 요인이 되고 있다.

감사의 글

저를 흑암과 죽음에서, 빛과 생명으로 인도해 주신 주님께 감사와 찬양을 드립니다. 그리고 복음에 대한 이해를 조금씩 더 할 수 있도록 은혜를 주신 것에 대해 감사를 드립니다.

이 책이 나오기까지 여러 모양으로 저를 도와주신 여러분들의 얼굴이 떠오릅니다. 먼저, 저희 부부의 신앙의 고향으로 제가 40년 가까이 몸담아 온 네비게이토선교회의 형제 자매님들을 잊을 수 없습니다. 그중에서도 저에게 말씀 중심의 삶을 가르쳐 주시고 본을 보여 주신 김용교, 한경일, 노치근 형제님에게 특별히 감사를 드립니다. 그리고 부족한 제 글을 꼼꼼히 읽고 적절한 조언을 해 주신 민경동 장로님(에스라성경대학원대학교 총장 역임)과 여로모로 응원을 아끼지 않은 곽용규, 김성현, 김명환 형제님에게 감사를 드립니다.

바쁘신 중에도, 일면식도 없는 저의 글을 읽고 정성껏 추천사를 써서 격려해 주신 추천인 여러분께 깊은 감사를 드리며, 특히 추천사와 함께 저희 부부를 주님의 사랑으로 환대하고 격려해 주신 송인규 교수님 부부에게 감사를 드립니다. 또한, 부족한 글을 흔쾌히 받아 주신 기독교문서선교회(CLC) 박영호 대표님과 여러 직원에게 감사를 드립니다.

그리고 저희 부부가 새로운 공동체에 잘 적응할 수 있도록 도와주시고 사랑으로 품어 주신 문태언 목사님과 여러 교역자님과 장로님, 권사님과 교회 식구들에게 감사를 드립니다. 저희 교회 구역 식구들(2-6마을)과, 베드로와 사랑 전도회 식구들에게도 감사를 드립니다. 매주 월요일 저녁 시간에 모여(최근에는 비대면으로) 함께 성경을 공부하고 있는 믿음의 동역자들과 매주 목요일 저녁에 묵상 나눔을 하는 교회 식구들에게 감사를 드립니다.

또한, 늘 저를 따뜻하게 맞아 주는 산업은행 신우회(목요 선교회) 형제 자매님들과, 부족한 저를 응원해 주는 고등학교 동창 신우회(예사모) 친구들에게 감사를 드립니다. 아울러 저의 오랜 신앙 동지인 김의영, 이충길, 오만봉, 변창훈, 이웅주 형제님 등에게도 감사의 마음을 전합니다..

평생 조건 없이 저를 믿어 주고 사랑과 헌신으로 살아오신 어머니 장분자 권사님께 감사를 드리며 또한 함께 믿음의 길을 걷고 있는 세 동생 용재, 영희, 수인에게도 감사의 마음을 전합니다. 또한, 저희의 신혼 초부터 지금까지 부모님처럼 저희 부부를 후원해 주신 동서 부부인 허학관 집사님과 박순희 권사님에게도 감사를 드립니다.

하나님이 저희 부부에게 선물로 주신 세 자녀 정현, 정은, 열국에게 감사합니다. 저희 부부가 결혼 후 뒤늦게 복음을 듣고 배워 가면서 미숙한 부모로 살아갔지만, 순종하며 자라 온 자녀들에게 특별히 감사합니다. 그리고 저희 두 딸과 아름다운 가정을 이루어 살아가고 있는 두 사위인 준표와 폴에게 감사합니다.

결혼 후 42년 동안 한결같은 사랑으로 가족을 섬기며 저의 든든한 베이스 캠프가 되어 제가 푯대를 향해 조금씩이라도 나아갈 수 있도록 격려해 준 아내에게 감사합니다. 이 글을 쓰는 동안에도 아내는 종종 저와 신학적 토론을 하면서 저에게 통찰력을 주었고, 이 책의 제목도 만들어 주었습니다. 저의 가장 좋은 친구인 사랑하는 아내에게 이 책을 헌정합니다.

끝으로, 논리적이고 딱딱한 글을 쓰느라 정신적으로 피곤할 때 저에게 큰 기쁨과 웃음을 선물해 준 네 살배기 손자 하준(하나님이 준비해 주신)이를 빼놓을 수 없지요. 손자가 이렇게 예쁜지 예전에는 미처 몰랐습니다.

참고 문헌

구원, 복음, 하나님 나라 등

국내 도서

권연경. 『갈라디아서 어떻게 읽을 것인가?』. 서울: 성서유니온, 2015.
_____. 『갈라디아서 산책』. 서울: 복있는사람, 2018.
김근주·박영돈·박영호. 『성경을 보는 눈』. 서울: 성서유니온, 2017.
김세윤·김회권·정현구. 『하나님 나라 복음』. 서울: 새물결플러스, 2015.
김세윤. 『주기도문 강해』. 서울: 두란노, 2000.
_____. 『구원이란 무엇인가?』. 서울: 두란노, 2001.
_____. 『복음이란 무엇인가?』. 서울: 두란노, 2003.
김요한. 『바이블클래스 복음서 사도행전』. 서울: 새물결플러스, 2019.
_____. 『바이블클래스 바울서신』. 서울: 새물결플러스, 2020.
김형국. 『사도행전과 하나님 나라』. 서울: 성서유니온, 2019.
_____. 『제자훈련, 기독교의 생존 방식』. 서울: 비아토르, 2019.
박대영. 『시험을 만나거든』. 서울: 두란노, 2020.
박윤선. 『웨스트민스터 신앙고백서』. 서울: 영음사, 1997.
송용원. 『하나님의 공동선』. 서울: 성서유니온, 2020.
신성관. 『Simply Gospel』. 서울: 새물결플러스, 2015.
_____. 『Simply Bible Plus』. 서울: 새물결플러스, 2016.
안용성. 『로마서와 하나님 나라』. 서울: 새물결플러스, 2019.
안환균. 『기독교 팩트체크』. 서울: 두란노, 2020.
양용의. 『하나님 나라 어떻게 이해할 것인가?』. 서울: 성서유니온, 2005.
_____. 『마태복음 어떻게 읽을 것인가?』. 서울: 성서유니온, 2006.
_____. 『히브리서 어떻게 읽을 것인가?』. 서울: 성서유니온, 2016.
윤종하. 『성경묵상과 우리의 구원』. 서울: 모리아, 1993.
_____. 『하나님의 지혜 시리즈 1, 2, 3』. 서울: 모리아, 2002.
_____. 『옥토가 되려면』. 서울: 모리아, 2012.

이진섭. 『빌립보서 성경문맥 주석』. 서울: 새창조, 2016.
장흥길. 『하나님의 구원 이야기』. 서울: 한국성서학연구소, 2015.
정성국. 『묵상과 해석』. 서울: 성서유니온, 2018.
정용섭. 『목사 구원』. 서울: 새물결플러스, 2020.
조병수. 『고린도전서 어떻게 읽을 것인가?』. 서울: 성서유니온, 2015.
성서유니온 편집부. 『광야의 소리 윤종하』. 서울: 성서유니온, 2017.
빛과 소금 편집부. 「빛과 소금」. 2019년 9월호.
한국조직신학회. 『구원론』. 서울: 대한기독교서회, 2015.

외국 도서
그레엄 골즈워디. 『복음과 하나님 나라』. 서울: 성서유니온, 1995.
도널드 휘트니. 『구원의 확신』. 서울: 네비게이토 출판사, 1997.
드류 헌터. 『마태복음(ESV 성경 공부 시리즈)』. 서울: 부흥과개혁사, 2014.
마를린 바틀링. 『톰 라이트는 처음입니다만』. 서울: IVP, 2019.
마틴 로이드 존스. 『성령론과 구원론(교리강좌 시리즈 2)』. 서울: 부흥과개혁사, 2009.
밀라드 J. 에릭슨. 『구원론』. 서울: 기독교문서선교회, 1992.
바바라 파파스. 『구원으로 가는 길』. 서울: 한국정교회출판부, 2007.
스캇 맥나이트. 『예수 왕의 복음』. 서울: 새물결플러스, 2014.
C.S. 루이스. 『순전한 기독교』. 서울: 홍성사, 2007.
제임스 패커. 『복음전도란 무엇인가?』. 서울: 생명의말씀사, 2012.
조지 앨든 래드. 『하나님 나라의 복음』. 서울: 서로사랑, 2009.
존 맥아더. 『구원 얻는 믿음이란 무엇인가?』. 서울: 여수룬, 1993.
존 스토트. 『제자도』. 서울: IVP, 2010.
찰스 프라이스. 『진정한 그리스도인』. 서울: 네비게이토출판사, 2000.
톰 라이트. 『톰 라이트와 함께 하는 기독교 여행』. 서울: IVP, 2007.
_____. 『마침내 드러난 하나님 나라』. 서울: IVP, 2014.
_____. 『이것이 복음이다』. 서울: IVP, 2017.

칭의논쟁

국내 도서
권연경. 『행위 없는 구원?』. 서울: SFC, 2015.
_____. 『위선』. 서울: IVP, 2018.
김세윤. 『칭의와 성화』. 서울: 두란노, 2016.
김우영. 『장로교와 감리교 무엇이 다른가?』. 서울: 프리셉트, 2001.
박영돈. 『톰 라이트 칭의론 다시 읽기』. 서울: IVP, 2016.
신광은. 『천하무적 아르뱅주의』. 서울: 포이에마, 2014.
양형주. 『정말 구원받았습니까』. 서울: 브니엘, 2021.
최갑종. 『칭의란 무엇인가?』. 서울: 새물결플러스, 2016.
미래교회 포럼. 『이신칭의 이 시대의 면죄부인가?』. 2016.

외국 도서
그레고리 A. 보이드 외. 『복음주의 신학논쟁』. 서울: 기독교문서선교회, 2014.
데이비드 포슨. 『한번 구원은 영원한 구원인가?』. 서울: 모리아, 2000.
마이클 브라운. 『하나님의 은혜는 그렇게 말하지 않는다』. 서울: 도움북스, 2019.
마이클 호튼 외. 『한번 받은 구원 영원한가?』. 서울: 부흥과개혁사, 2011.
매튜 W. 베이츠. 『오직 충성으로 받는 구원』. 서울: 새물결플러스, 2020.
알란 셀. 『칼빈주의와 알미니안주의와 구원』. 서울: 생명의말씀사, 1989.
R.T. 캔딜. 『한번 구원은 영원하다』. 서울: 양무리서원, 2001.
E.P. 샌더스. 『바울과 팔레스타인 유대교』. 서울: 알맹e, 2019.
제임스 D.G. 던 외. 『칭의 논쟁』. 서울: 새물결플러스, 2015.
제임스 M. 보이스 외. 『개혁주의 핵심(칼빈주의 5대 교리)』. 서울: 부흥과개혁사, 2013.
제임스 패커. 『알미니우스주의』. 서울: 기독교문서선교회, 2019.
존 M. G. 바클레이. 『바울과 선물』. 서울: 새물결플러스, 2019.
톰 라이트. 『톰 라이트 칭의를 말하다』. 서울: 에클레시아북스, 2011.
_____. 『바울 논쟁』. 서울: 에클레시아북스, 2017.